CB016138

© 2021 Buzz Editora
© 2021 Alexandre Waclawovsky

Publisher ANDERSON CAVALCANTE
Editora LUISA TIEPPO
Assistente editorial JOÃO LUCAS Z. KOSCE
Revisão PAOLA CAPUTO, VANESSA ALMEIDA
Projeto gráfico ESTÚDIO GRIFO
Assistente de design FELIPE REGIS

Nesta edição, respeitou-se o novo Acordo Ortográfico da Língua Portuguesa.

Dados Internacionais de Catalogação na Publicação (CIP) de acordo com ISBD

W115i

Waclawovsky, Alexandre
Invente seu lado i: a arte de inovar numa época de incertezas / Alexandre Waclawovsky
São Paulo: Buzz, 2021
208 pp.

ISBN 978-65-86077-75-9

1. Empreendedorismo. 2. Intraempreendedorismo.
3. Inovação. I. Título.

	CDD 658.421
2020-2316	CDU 65.016

Elaborado por Vagner Rodolfo da Silva CRB-8/9410

Índice para catálogo sistemático:
1. Empreendedorismo 658.421 / 2. Empreendedorismo 65.016

Todos os direitos reservados à:
Buzz Editora Ltda.
Av. Paulista, 726 – mezanino
cep: 01310-100 São Paulo, SP
[55 11] 4171 2317 | 4171 2318
contato@buzzeditora.com.br
www.buzzeditora.com.br

ALEXANDRE WACLAWOVSKY

iNVENTE SEU LADO i

A ARTE DE iNOVAR NUMA ÉPOCA DE iNCERTEZAS

*A minha querida mãe, a Cintia, Felipe e Juca,
que estiveram ao meu lado em todos os momentos
dessa jornada.*

PREFÁCIO

Empreender é um tipo de DNA. Vem com a gente.

Podemos até dizer que, muitas vezes, por questões da vida, alguns possam ser obrigados a empreender, na falta de alguma outra opção. Verdade.

Ainda assim, empreender é uma veia, uma espécie de fé, uma determinação que vem mais do espírito do que da razão. Até porque, em muitos casos de empreendimentos, racionalmente falando, talvez fosse melhor nunca tê-los feito. Melhor teria sido procurar um emprego, quem sabe.

Mas é na esteira dessas persistências francamente irracionais que se construíram algumas das grandes histórias de empreendedorismo, assim como algumas das maiores e mais importantes empresas do mundo.

Verifica-se, portanto, que para muitos empreender seu próprio negócio é algo vital. Para outros, uma maluquice irracional. Mas existem seres híbridos no meio dessas duas pontas. É aquela pessoa que, pelas mais diversas razões, atua no mundo corporativo, sente-se de alguma forma pertencente a ele, mas tem o diacho do DNA empreendedor.

E, assim, o caminho para uma pessoa com essa natureza vem a ser, unicamente, uma enorme frustração pessoal e profissional, certo? Pois sabe que não?

Este livro que você tem em mãos nos mostra que é perfeitamente possível e, talvez mais do que isso, muitas vezes altamente recompensador e até desejável, empreender exatamente dentro das empresas.

E por que é assim?

Porque o empreendedorismo corporativo pode ser uma rica oportunidade e um caminho altamente recompensador para qualquer profissional que deseja empreender, mas dentro das empresas.

Alexandre Waclawovsky, o Wacla, autor desta obra, é, ele mesmo, um exemplo de que esse caminho existe. Sua experiência e exemplo são confirmados na prática, em mais de 25 anos de jornada profissional em grandes empresas, mostrando que essa estrada pode ser trilhada com sucesso tanto para as companhias como para o intraempreendedor, nome que se dá a esse anfíbio.

Na dúvida de que muitos eventualmente desconheçam essa possibilidade e visando a apoiar e incentivar que todos possam aprender técnicas, métodos e práticas de como fazer isso, o Wacla desenvolveu este completo e didático guia prático para o intraempreendedorismo.

O guia traz *cases* de mercado que funcionaram e outros que deram ruim. Traz depoimentos de grandes executivos com jornadas inspiradoras. Empresta lógica conceitual ao todo. Mas, igualmente, traz a realidade de como é o intraempreendedorismo na vida real das empresas e dos intraempreendedores.

O conjunto da obra é inspirador.

Acrescento aqui ainda um viés socioeconômico: somos um país de empreendedores natos. Basta olhar a nossa volta.

Contar com um guia que possa catalisar toda essa força orgânica e essa alma poderosa de transformação e desenvolvimento do Brasil parece-me uma excelente ideia.

Boa leitura.

PYR MARCONDES
Senior partner na Pipeline Capital

INTRODUÇÃO

A ideia de escrever este livro em formato de guia surgiu da constatação de que existe farta literatura, eventos e discussões sobre o tema empreendedorismo. No entanto, pouco se estuda ou discute sobre uma modalidade de empreendedorismo praticada dentro das empresas já estabelecidas: o intraempreendedorismo.

Essa modalidade engloba iniciativas de inovação, desenvolvimento de negócios e transformação digital. Esta última tem sido a maior expressão de intraempreendedorismo atualmente.

O termo intraempreendedorismo também é utilizado para iniciativas de impacto social geradas pelas empresas, mas não tratarei desse aspecto no livro.

Durante mais de 20 anos operei no Brasil e na América Latina como intraempreendedor em empresas multinacionais dos segmentos de serviços, bens de consumo e entretenimento. Fui também professor convidado de MBA em gestão empresarial na Fundação Dom Cabral, para tratar desse tema. Além disso, tive a oportunidade de liderar grandes transformações digitais nas empresas onde trabalhei.

Essas habilidades e experiências me levaram a ser convidado para presidir o comitê de mídia na Associação Brasileira de Anunciantes (ABA), de 2013 a 2015, e a participar do comitê de anunciantes no IAB (Interactive Advertising Bureau), quando consegui implementar iniciativas de empreendedorismo em nosso mercado de comunicação.

Ao longo deste guia, vou pontuar e refletir sobre meus grandes aprendizados dessa jornada de sucessos e frustrações. Sim, frustrações. Quem tem espírito empreendedor sabe que lidará com elas. É parte do jogo. E, acredite, as frustrações e falhas nos fortalecem e ensinam muitas vezes mais que os êxitos e as vitórias. São nelas que nos vemos despidos de ego, couraça e certezas.

Irei também refletir e responder à pergunta do porquê alguém com espírito disruptivo e empreendedor permanecer numa empresa *versus* sair e abrir sua start-up.

A maioria das pessoas, em determinados momentos ou situações, busca espaços seguros e protegidos, evitando correr riscos fazendo algo novo ou diferente. O grande desafio é que temos o hábito de rejeitar aquilo que não entendemos.

Quando reflito sobre minha jornada, fica evidente que assumir riscos sempre me atraiu como um ímã. E digo mais: era quando a empresa conseguia extrair minha melhor performance.

Correr riscos nunca me paralisou. Pelo contrário, me gerava curiosidade e motivação de explorar algo diferente. Medo? Sempre tive, mas ele não me interrompia, e sim instigava a descobrir e a entrar em novas aventuras.

As frustrações, que são parte de qualquer jornada de empreendedorismo, me impulsionavam a nunca desistir e a ter cada vez mais resiliência. Os sucessos e o reconhecimento funcionavam como trampolins para que eu buscasse cada vez mais desafios.

Descobri, dentro do intraempreendedorismo, a adrenalina que me motivava a acordar e trabalhar conectado ao meu propósito.

Participei e liderei projetos de diversos tamanhos, e aprendi que uma iniciativa de empreendedorismo não precisa, necessariamente, ser algo grandioso como o lançamento de um produto revolucionário, uma linha de negócios ou plataforma de e-commerce. Às vezes, inovar num processo ou metodologia que gera incremento de receita ou redução de custos funciona para apresentar um novo olhar dentro das organizações, pavimentando o caminho para iniciativas maiores e disruptivas.

Aquele que se propõe a ser intraempreendedor deve reunir um conjunto de habilidades importantes:

- **Inquieto** inconformado com o *status quo* e a estabilidade, está sempre em busca de fazer a diferença onde atua;
- **Criativo** encontra caminhos e possibilidades onde muitos não veem;
- **Otimista** sempre positivo, olha o copo meio cheio e as oportunidades;

- **Resiliente** não esmorece após ouvir um "não", sofrer um revés ou errar. Tem espírito de fênix, se fortalece e avança;
- **Visionário** pensa grande e tem a capacidade e o carisma para convencer e cooptar aliados para concretizar suas ideias e iniciativas;
- **Flexível** desapegado ao passado. Está sempre aberto a aprender, reinventar-se e melhorar.

Note que não existe um cargo ou posição dentro da organização denominado "intraempreendedor", e nem faria sentido existir. Empreender é uma mentalidade. O intraempreendedor, portanto, pode estar em qualquer área e ter qualquer cargo ou posição.

Existem vários em cada empresa, acredite! Alguns mais visíveis, mas muitos ainda invisíveis, precisando ser ativados por uma evolução cultural que favoreça suas características e habilidades florescerem. Esses colaboradores estão espalhados em todos os níveis hierárquicos e departamentos na empresa.

Intraempreender também é uma grande oportunidade para uma jornada de autoconhecimento e descoberta. Operar numa dinâmica de ambiguidade, incerteza e risco exige altas doses de resiliência e autoconfiança. Portanto, você sempre sairá mais fortalecido após participar de uma iniciativa relacionada ao tema inovação.

Novos projetos e iniciativas são necessários e importantes em um processo de constante identificação de nossas fortalezas e oportunidades de desenvolvimento.

O desafio em demonstrar a sua capacidade de realização será algo arriscado e recompensador ao mesmo tempo. É como estar numa constante gangorra entre o sucesso e a falha. Diferentemente do mundo empreendedor, as organizações estabelecidas têm pouca paciência e aceitação com a falha, que é parte de qualquer jornada de empreendedorismo.

Intraempreender está ligado a investir seu tempo, recursos e energia em algo diferente ou disruptivo, com as falhas sendo parte do processo.

Buscamos operar de maneira segura, com previsibilidade de resultados. Nosso grande desafio é que temos o hábito de rejeitar tudo aquilo que não entendemos. Repare que historicamente formamos grupos ou tribos para ganhar mais força e segurança, desde grupos de afinidade ou origem (gaúcho, carioca ou mineiro), seu time de futebol, amigos da cerveja e por aí vai.

Novas ideias trazem consigo um coeficiente de risco e incerteza embutido, e muitas perguntas sem respostas ainda. No ecossistema empreendedor, existe a mentalidade do "aprender fazendo", ou seja: faço, testo, aprendo, melhoro, e testo novamente. Abre-se mão do perfeito pelo feito. Do infalível e demorado, para o em constante desenvolvimento e rápido.

Essa prática ainda encontra pouca aceitação em organizações estabelecidas, em que dados e fatos históricos são, em geral, o parâmetro para se mensurar ideias e novas iniciativas.

Minha ambição com este guia prático é reunir experiências, metodologias e aprendizados reais capazes de alavancar a carreira daqueles que desejam perseguir a excelência pela inovação, explorando metodologias voltadas à complexidade do mundo de hoje. Portanto, é ideal para:

- **Empreendedores** que querem entender como funciona o ambiente corporativo.
- **Intraempreendedores** que querem caminhos ou reflexões para construírem uma carreira bem-sucedida. Ao ler este livro, muitos se reconhecerão intraempreendedores, ganhando mais energia e repertório.
- **Profissionais de aceleradoras ou start-ups** que têm ou querem vender programas de inovação em grandes empresas.
- **Profissionais de diversas áreas e posições** que desejam empreender dentro de empresas estruturadas, independentemente do seu tamanho ou porte.
- **Universitários** que desejam empreender em ambientes mais estruturados.
- **Educadores** e outros interessados nos desafios de empreender dentro de empresas já estabelecidas ou entender as diferenças entre as modalidades de empreendedorismo.

A Fundação Dom Cabral, considerada a décima melhor escola de negócios do mundo, segundo ranking do *Financial Times* (2018-19), me convocou para ser professor convidado em seu MBA de gestão de negócios.

Os alunos, em sua maioria com cargos de alta gestão em diferentes setores da economia, sentiam que a metodologia conteudista baseada em fatos históricos não era mais suficiente. Meu papel era trazer novas possibilidades a serem adotadas e responder às perguntas que as organizações estavam fazendo para evoluir seus modelos de negócios.

Tive debates incríveis com profissionais e professores de outras áreas, formações e pontos de vista. Exercitar a curiosidade, deixar-se aberto mentalmente para questionar suas crenças e estar em constante estado de aprendizado são características que são e serão cada vez mais importantes.

Para exercitar esse pensamento neste livro, convidei oito profissionais com trajetórias admiráveis, em posições e empresas de destaque, para contarem e refletirem sobre suas jornadas de intraempreendedorismo porque, afinal, não existem verdades absolutas.

Você verá alguns trechos dessas conversas ao longo dos próximos capítulos (como no box abaixo) e terá acesso a todas essas entrevistas na íntegra pelos QR codes espalhados ao longo do livro.

"Minha atitude sempre foi a de um empreendedor corporativo. Obviamente empresas têm estrutura, normalmente organizações matriciais, têm muita política, e no final combinar esse espírito empreendedor nesse ambiente é uma arte. Mas o importante sempre foi a mentalidade."

Marcos Angelini,
presidente da Red Bull na América Latina

Pronto para transformar o seu entorno e a si mesmo? Bora lá!

QUE MUNDO É ESTE?

Pare de ficar com medo do que pode dar errado e anime-se com o que pode dar certo.
TONY ROBBINS, autor e palestrante motivacional

Como palestrante, autor e consultor, recebo muitos questionamentos, e um dos que mais me marcou foi um pedido de reflexão sobre como eu atuava no início da minha carreira e ultimamente com a disciplina de marketing.

Responder a essa questão me fez examinar como a dinâmica dos negócios e das pessoas se transformou, e às vezes nem nos damos conta.

Existem muitas evoluções, mas talvez a maior delas é que, antes, a maior parte do trabalho se dava antes de se lançar algum serviço ou produto. Eram semanas e meses de planejamento, pesquisa e testes empíricos para que se alcançasse o serviço ou produto perfeito, para então ser lançado no mercado.

Hoje, essa lógica foi invertida. Estamos conectados e empoderados pelas tecnologias digitais. Opinamos, participamos, elogiamos e reclamamos. Reflita sobre sua atitude diante de um serviço ruim há 10 anos e atualmente.

Antes, você deixaria de frequentar o lugar, de usar o serviço ou produto; hoje, além de fazer isso, você vai compartilhar para todos os seus amigos e buscar soluções por meio das redes sociais.

A maior parte do trabalho, portanto, passou a acontecer após o lançamento desse serviço ou produto.

Antigamente, operávamos em um mundo mais previsível. Marcas icônicas, como GAP e Starbucks, tiveram que voltar atrás em seus novos desenhos de logotipo pela não aceitação e ruído dos seus consumidores, que passou a afetar suas vendas.

"É tudo muito rápido. Não dá nem para falar de 10 anos atrás. A gente tem que falar de 5 anos atrás, porque tem sido muito desafiador acompanhar a velocidade dessas mudanças."

Tatyana Freitas,
diretora executiva da Russell Reynolds Associates

CAPÍTULO 1
OS DESAFIOS DE UM MUNDO EM TRANSFORMAÇÃO

Nos anos 1980, o grande desafio das empresas era a produtividade; nos 1990, a globalização, o marketing. Nos anos 2000, a gestão de pessoas... Hoje, o grande desafio é o design organizacional. As empresas têm de ser ágeis, ter uma visão exponencial.
DANIEL CASTANHO, CEO da Ânima Educação

Temos um acesso sem precedentes às tecnologias digitais. Os aparelhos celulares evoluíram para smartphones com uma capacidade de processamento equivalente ou superior à dos computadores. O acesso à conexão de banda larga e redes de conexão Wi-Fi também já é uma realidade para a maioria das pessoas. Com isso, a humanidade ganhou acesso a um conjunto de serviços e informações inéditos em nossa história.

Deixamos de ser apenas consumidores de conteúdo e serviços para sermos também produtores e distribuidores de conteúdo. O fenômeno dos vídeos de YouTube ou de redes sociais surgiu com esse acesso. Basta um celular na mão e uma ideia na cabeça para produzir um vídeo sobre qualquer assunto.

Estamos empoderados como nunca estivemos antes, e isso traz novos desafios, desde como devemos nos portar em sociedade até como pensar e gerenciar negócios.

Se antes, para começar uma empresa, era necessário um grande capital e estrutura, hoje há empresas que nem mesmo produzem ou possuem o que comercializam, como Uber, Alibaba, Airbnb, iFood e Facebook, para citar algumas das mais conhecidas.

Repare no tempo que algumas empresas demoraram para se estabelecer globalmente antes e agora. Grandes marcas e conglomerados, como a Ford, GM, GE e Nestlé, demoraram décadas para alcançar a mesma cobertura e rentabilidade que as empresas do parágrafo anterior demoraram anos.

Não existe melhor ou pior, certo ou errado, mas apenas épocas e condições muito diferentes. A tecnologia é o grande divisor de águas.

E essa evolução ainda não terminou. Estamos no limiar de uma nova era chamada IoT (Internet of Things), ou Internet das Coisas, em que tudo estará conectado e prestando algum serviço. Nossos carros, geladeiras, fogões, máquinas de lavar, vestimentas, enfim, tudo.

Essa evolução em ritmo exponencial demanda cada vez mais agilidade, num patamar provavelmente nunca antes exigido das pessoas e organizações.

Costumo em algumas palestras usar uma analogia para comparar o modelo mental em que fomos educados e o novo modelo que se apresenta, através da comparação de como se joga boliche e fliperama:

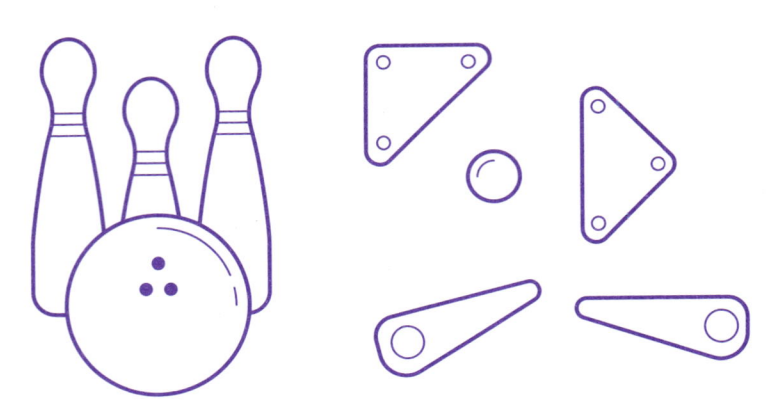

No jogo de boliche, temos um objetivo muito evidente: derrubar todos os pinos lançando uma bola. Aqui, temos uma dinâmica clássica de pensamento, em que defino e visualizo meu objetivo e passo a lançar bolas até que ele seja superado. O contexto e o jogo são bem previsíveis, e posso traçar estratégias com antecedência.

No jogo de fliperama, temos dois objetivos a cumprir. O primeiro é lançar a bola na mesa, assim como no boliche. Porém, somaremos mais pontos à medida que cumprirmos o segundo objetivo, que é manter a bola em jogo. Para isso, usaremos duas alavancas que servem para dar novos impulsos à bola, quando ela chega na parte de baixo, gerando o maior número de impactos possíveis. Note que, a partir do primeiro impacto, não sabemos ao certo o que irá acontecer, pois não temos mais o controle total da bola, que, ao ricochetear na mesa, poderá apresentar diferentes trajetórias. Quanto mais impactos ou interações, mais pontos somaremos. Diferentemente do boliche, o contexto e o jogo têm um grau de imprevisibilidade, e precisamos nos adaptar e pensar a cada novo impacto da bola na mesa.

O formato do jogo de fliperama espelha a dinâmica com a qual nos comunicamos em tempos de total conexão. Imagine agora essa mesa de jogo com peças e estímulos surgindo e sumindo a cada minuto.

Pode parecer loucura, afinal, é difícil jogar um jogo em que seu tabuleiro ou regras mudam inesperadamente, mas é exatamente assim a dinâmica do mundo em que vivemos. Serviços, como Uber e iFood, surgiram a partir de problemas e necessidades humanas desatendidas anteriormente, mas possíveis em tempos de tecnologia acessível.

Neste mundo em constante transformação em que vivemos, ter um mapa não é mais garantia de chegar ao tesouro.

Outra analogia que gosto é comparar um barco a remo num lago calmo com uma descida de barco no estilo rafting numa corredeira.

O barco no lago calmo e previsível indica esse mundo anterior, mais previsível, em que planejar muitas variáveis antes de iniciar uma jornada era possível.

Já numa descida de rafting, não é possível prever tudo o que poderá acontecer. A mentalidade será a de probabilidades, e precisarei pensar em planos A, B, C e D, além de ter um repertório de habilidades e comportamentos para conseguir atuar em caso de algo completamente inesperado.

Imagine o desafio das empresas, especialmente aquelas fundadas e estruturadas ao longo das últimas décadas, para buscar estabilidade e previsibilidade e, ao mesmo tempo, operar em um mundo de aprendizado e evolução contínuos. Muito do que aprenderam em décadas está sendo questionado, revisto ou ressignificado.

Nesse modelo de organização, é bastante provável que encontremos um departamento ou área dedicada à inovação operando como um posto de observação e teste de novas hipóteses.

Contudo, visite alguma organização da nova economia, baseada em serviços, e procure por essa área. Não vai encontrar, e a razão é simples: todos os colaboradores e áreas são corresponsáveis pela contínua inovação. Essa cultura já está inserida no propósito e no DNA da empresa.

Entendo que existam ainda empresas em que a cultura da inovação ou do empreendedorismo não faz parte de sua base e estrutura, logo a criação e existência de uma equipe ou área são necessárias para impulsionar essa agenda.

Porém, o melhor indicador de sucesso seria a diluição dessa área ao longo do tempo, com a migração dos seus integrantes para as áreas de negócios, revitalizando e distribuindo novas habilidades.

Em uma reunião com o *board* de uma das empresas em que trabalhei, quando questionado sobre qual seria o principal indicador de sucesso da transformação digital que eu passava a liderar, disse exatamente isto: "Minha função, cargo e equipe serão desnecessários e integrados ao negócio".

"Ninguém tinha passado por uma disrupção tão radical quanto essa que vimos dos anos 2000 para cá, que foi quando, de fato, escalou e se universalizou o uso da internet."

Fernando Luna,
jornalista, ex-diretor editorial na Editora Globo e na Trip Editora

Proponho agora uma reflexão entre as práticas e a mentalidade dos modelos tradicionais e da nova economia, observando evoluções na maneira de pensar e agir das organizações.

Por estarmos em plena evolução, vamos encontrar três tipos de organizações:

- As nascidas e criadas no modelo tradicional;
- As nascidas e criadas na nova economia;
- Aquelas que estão em transição entre os dois modelos ou são uma combinação deles.

A evolução não é opcional, pois, como observamos, as regras do jogo foram alteradas, porém cada empresa terá seu ritmo e velocidade. As maiores terão mais dificuldades pelo seu porte, mas já sabem que evoluir seus modelos de pensamento e negócios será uma necessidade de sobrevivência.

Gostaria de propor agora um exercício rápido. No espaço a seguir, escreva cinco hábitos e rotinas que você tinha ANTES (de 5 a 10 anos atrás), e mais cinco que você tem HOJE.

Esqueça por um momento o nome da empresa em que você trabalha ou trabalhou e reflita sobre como você se portava, o quê e como fazia. Se você é estudante, vale o mesmo exercício. Podem ser hábitos de como você costumava se informar, estudar ou se reunir com as pessoas, e como são agora.

ANTES	HOJE

Como foi?

Agora gostaria de convidá-lo para fazermos uma reflexão guiada pelas grandes diferenças de mentalidade entre a velha e nova economia. O termo "velha" não carrega nenhum juízo de valor, afinal, foram essas práticas que nos trouxeram até aqui. Porém, diante das novas condições no ambiente socioeconômico, novas maneiras de pensar e agir têm emergido e sendo cada vez mais adotadas.

Combine as seguintes frases com as práticas comuns de cada modelo na tabela a seguir:

i Acredito em um modelo de cultura...
i Meu propósito ou razão para trabalhar...
i Competências mais valorizadas são...
i O modelo de organização/empresa ideal é...
i Ser líder é...
i Uma inovação tem início...
i Me relaciono com equipes, parceiros e clientes...

	MODELO TRADICIONAL	**NOVA ECONOMIA**
CULTURA	Silos, departamentos	Colaboração
PROPÓSITO	O que eu faço?	Por que eu faço?
COMPETÊNCIAS	Saber	Perguntar/Conectar
ORGANIZAÇÃO	Linear/Descrição de funções	Ágil/Adaptável
LIDERANÇA	Comando e controle	Participativa e inspiradora
INOVAÇÃO	Centrada no produto	Centrada no cliente
ENGAJAMENTO	Interno	Redes de colaboração

O resultado combinado do exercício pessoal com essa reflexão guiada será bastante revelador, pois vai indicar suas crenças e disparar alguns questionamentos importantes.

Já aviso que não existe gabarito ou resposta certa, uma vez que minha intenção é provocar sua autopercepção e propor que você tenha um olhar mais estratégico sobre as grandes evoluções de atitudes e comportamentos.

Ao longo dos próximos capítulos, vamos revisar os pontos acima por meio de analogias, depoimentos e exemplos reais.

Adaptar-se a essa nova realidade deixa de ser algo secundário e passa a habitar toda e qualquer lista de prioridades da alta direção, com reflexos táticos e estratégicos – em alguns casos, até como fator de sobrevivência.

"Cultura é o maior desafio. Tecnologia é uma *commodity* que em algum momento você vai ter dinheiro para comprar. Você pode perder uma janela de tempo, mas em algum momento o custo vai cair, conforme ela vai sendo usada em escala. O desafio é a cultura, o jeitão da empresa, de que maneira ela faz, como ela responde aos estímulos."

Marcelo Pacheco,
vice-presidente de vendas e inovação na Warner Media

Tempos de escassez *versus* abundância

VAMOS AO MEU 1º APRENDIZADO!

É difícil apontar um ano exato para diferenciar os tempos de escassez e abundância, mas entender essa diferença faz toda a diferença. Sendo assim, vou assumir a década de 1990 como esse grande divisor de águas.

No final dessa década, as tecnologias digitais e a ressignificação do que chamávamos de telefone provocou uma inflexão, nos apresentando a um ritmo de evolução e transformação cada vez mais acelerado, num grau ainda não experimentado pela humanidade.

Ter nascido e sido criado na era da escassez significava ter acesso limitado à informação. Geralmente, as pessoas se informavam pela grande mídia: TV, jornais, rádio, revistas etc. Se quisessem pesquisar sobre algum assunto com profundidade, precisavam perguntar a alguém mais experiente, recorrer a enciclopédias ou ir a alguma biblioteca. Empilhar e guardar revistas com temas de interesse, para consultas futuras, era outra prática bastante comum.

A informação era limitada e definida pelo poder econômico e de acesso à mídia. Possuir desde determinada marca de carro até o eletroeletrônico recém-lançado era símbolo de *status*. Viagens para o exterior definiam classe social. A quantidade de títulos acadêmicos era bom indicador de progresso e sucesso profissional.

Crescer nesse contexto requeria esforço e dedicação para buscar informações, conquistar posses e reconhecimento. Conexões, comércio e relações eram feitos pessoalmente. O mundo digital era ainda uma promessa.

Ter nascido e sido criado na era da abundância significa exatamente o oposto. Vivemos em tempos de total acesso e muito mais informação disponível do que podemos consumir e digerir. A mídia passa a ter um papel quase secundário, já que ela não determina mais dia e horário para assistirmos a determinado programa ou conteúdo. Nós definimos. O acesso à informação é ilimitado e disponível. Basta um clique em algum buscador na internet. O que torna as fontes de informação cada vez mais relevantes.

Hoje, somos uma geração conectada, e o acesso à informação já não define mais a capacidade de conhecimento. Possuir não é mais o único indicador de *status*. Acessar é a nova palavra de ordem. Estar dentro de um carro de luxo ou passar o final de semana em uma casa de praia não significam, necessariamente, possuir esses bens.

Plataformas como Wikipédia, Google e YouTube democratizaram o acesso à informação e ao saber. Temos acesso a plataformas de serviços para organizar viagens, comprar qualquer coisa, alugar bens materiais como carros ou casas, abertas e disponíveis para consulta 24 horas por dia, sete dias por semana. Sem feriados.

Se na era da escassez recorríamos ao livro de receitas ou manuais de uso, na era da abundância basta um clique no Google ou no YouTube para ter acesso a milhares de maneiras de preparar um prato rápido ou acessar tutorais de como operar qualquer equipamento.

Essa nova dinâmica foi sendo incorporada aos poucos em nossos comportamentos. Talvez a analogia acima tenha despertado em você algumas reações interessantes sobre como seus comportamentos evoluíram e você nem havia se dado conta.

Para quem nasceu antes dos anos 1990, era comum e habitual consultar mapas ou guias de ruas. Qual é o seu comportamento atualmente? Você ainda possui esse tipo de consulta impressa?

Mudamos, nos adaptamos, quase sem perceber. É como na fábula do "Sapo na panela". Se colocarmos o bicho numa panela, a enchermos com água e levarmos ao fogo, ele vai se ajustando à temperatura da água e permanecerá lá dentro.

Alguns podem dizer que a culpada de sua morte foi a água fervente. Negativo: foi a incapacidade do sapo de decidir quando pular fora. Se tivéssemos fervido a água antes de jogá-lo, ele certamente pularia para fora ao tocar na água.

Essa fábula é mais comum em nosso cotidiano do que pensamos. Novos comportamentos, tecnologias, evoluções econômicas ou sociais acontecem gradualmente. Quando percebemos (se percebemos), já fazemos as coisas de outra maneira e, felizmente, seguimos vivos, ao contrário do sapo.

"Talvez não tenhamos mais momentos de transformação. Talvez a transformação seja um estado permanente."

30   **Fernando Luna,**
jornalista, ex-diretor editorial na Editora Globo e na Trip Editora

---

Na dúvida, sugiro que você faça uma reflexão sobre alguns comportamentos simples do seu dia a dia. A começar pelo seu processo de decisão (pesquisa, seleção e compra) para as férias de fim de ano ou para descobrir um restaurante novo – e como vai até ele.

Exemplos não faltam, e novos comportamentos se instalaram de uma maneira tão orgânica que a maioria de nós nem consegue lembrar como era viver sem um aparelho de celular ou sem poder pesquisar sobre qualquer tema em um buscador.

Viver e operar negócios em tempos de abundância implica rever comportamentos e atitudes.

Pertenço à geração X, nascido em tempos de escassez, e fui criado e educado acreditando que o(a) professor(a) era um dos símbolos máximos de conhecimento e sabedoria. Ele(a) possuía todas as respostas.

Hoje, como professor, sou questionado nas aulas por alunos que comparam meus exemplos e referências com o que está disponível na internet. Alguns buscam boas fontes, outros, nem tanto. O ponto é: existe muita informação abundante e, como professor, não posso ter a pretensão de saber e conhecer tudo o que está disponível.

A partir dessa constatação, passei a adotar um pensamento representado pela frase "não existem verdades absolutas", que abre qualquer aula que ministro.

Quando questionado sobre outros pontos de vista, digo que estou apenas manifestando minha interpretação sobre determinado assunto com base nos meus aprendizados, experiências, sucessos e falhas.

Não tenho a pretensão de possuir a verdade definitiva ou mesmo a razão, e quem declara estar certo está correndo algum risco. Prefiro acolher e celebrar a diversidade de opiniões, inquietações e pontos de vista, pois ela nos coloca diante de outros ângulos e perspectivas.

Durante as aulas, portanto, escuto e convido que outros pontos de vista sejam oferecidos e debatidos pelas turmas.

Difícil e diferente de outros tempos? Sim, é. Justamente por isso devemos rever como nos posicionamos perante essa nova realidade. O poder e a imposição de uma verdade absoluta deram lugar ao debate e à construção de diversos cenários possíveis.

A relação chefe e subordinado também está em evolução. Essa relação de "comando-controle", instituída na era industrial (século XVIII) e que ainda é praticada nos dias atuais, tem cada vez menos efeito com as novas gerações, que:

1. São movidas mais por propósito e ideais;
2. Gostam de ser desafiadas e ter liberdade de ação.

Logo, se forem enquadradas em definições herméticas sobre o que e como fazer, cansam e mudam de empresa ou emprego, sem grandes dores. Existe um novo componente chamado propósito, em que o "porquê" a empresa para que trabalho faz determinado produto ou serviço ou mesmo existe ganha muito mais valor.

A era da abundância criou novos heróis para as gerações nascidas a partir dos anos 2000: empreendedores digitais que começaram do zero – como Mark Zuckerberg (Facebook), Steve Jobs (Apple), Jeff Bezos (Amazon), Reed Hastings (Netflix) ou Nick Swinmurn (Zappos) –, plataformas de negócios disruptivos, questionando o *status quo* – tal qual Airbnb, Uber ou Nubank –, negócios movidos por propósito – como o TOMS Shoes – e modelos de trabalho colaborativo – que nem os aplicados no Google ou no Spotify.

Podemos questionar, pensar diferente ou até não gostar, mas essas são as novas dinâmicas que já estão inseridas na economia e sociedade, logo, entendê-las é importante.

"É natural que as grandes empresas estivessem organizadas hierarquicamente e com áreas independentes, num modelo da era industrial. Era normal ter um jornal e, para abrir uma rádio, você abria outra empresa. Quando queria uma TV, também abria outra empresa, e assim por diante. Funcionava de uma maneira muito independente uma empresa da outra, porém, na hora em que tudo isso convergiu para o bolso da gente, através de um celular, a maneira de a empresa se organizar também precisou mudar."

Fernando Luna,
jornalista, ex-diretor editorial na Editora Globo e na Trip Editora

NESTE MUNDO EM CONSTANTE TRANSFORMAÇÃO EM QUE VIVEMOS, TER UM MAPA NÃO É MAIS GARANTIA DE CHEGAR AO TESOURO.

CAPÍTULO 2
EMPREENDEDORISMO *VERSUS* INTRAEMPREENDEDORISMO

Aqui estão os loucos. Os desajustados. Os rebeldes. Os encrenqueiros. Os que fogem do padrão. Aqueles que veem as coisas de um jeito diferente. Eles não se adaptam às regras nem respeitam o status quo. Você pode citá-los ou achá-los desagradáveis, glorificá-los ou desprezá-los. Mas a única coisa que você não pode fazer é ignorá-los. Porque eles mudam as coisas. Eles empurram adiante a raça humana. E enquanto alguns os veem como loucos, nós os vemos como gênios. Porque as pessoas que são loucas o bastante para pensar que podem mudar o mundo são as únicas que realmente podem fazê-lo.
Manifesto da campanha "Pense Diferente",
da Apple, lançada em 1998

Muito tem se falado sobre empreendedorismo. Assim, é importante propor uma definição que caracterize aquele que empreende. Existem inúmeras definições possíveis, porém a grande maioria gravita em torno de "aquele que assume riscos".

O empreendedor, em essência, é uma pessoa inquieta, inconformada, criativa, inovadora e realizadora. Aquela que organiza, gerencia e assume os riscos de um negócio ou empreendimento.

"O empreendedor existe em qualquer área e é um perfil. É muito mais uma questão de habilidades e competências do que de área ou formação."

Tatyana Freitas,
diretora executiva da Russell Reynolds Associates

O termo "empreendedorismo" foi criado em 1945 pelo economista austríaco Joseph A. Schumpeter, em seu livro *Capitalismo, socialismo e democracia*, como parte de sua teoria de "destruição criativa", quando sugeriu que pessoas, e não somente empresas, poderiam ser responsáveis pela criação de novos produtos, em busca de lucros.

Schumpeter também avaliou que inovações surgiam e roubavam clientes de produtos já estabelecidos até o ponto de substituí-los completamente, prevendo que novas soluções destruiriam produtos já estabelecidos – o que, de fato, estamos presenciando.

Outros autores, como Frank Knight e Israel Kirzner, também definiram o ato de empreender como algo relacionado a tomada de risco, criatividade e paixão pela ruptura de padrões previamente estabelecidos. Empreender é conviver com a falta de controle.

Bill Gates, fundador da Microsoft, Mark Zuckerberg, fundador do Facebook, Jack Ma, fundador do Alibaba, e Steve Jobs, fundador da Apple, são apenas alguns exemplos mais conhecidos de empreendedores que geraram ruptura e criaram novas categorias e negócios.

O empreendedorismo está intimamente relacionado com termos como inovação, evolução e transformação de processos, produtos, serviços e negócios. Nele, existe a liberdade de idealização e construção de novos modelos de negócios e metodologias.

O conceito do intraempreendedorismo foi definido pelos empresários e escritores americanos Gifford Pinchot III e Elizabeth Pinchot, em 1978, como um tipo de empreendedorismo no qual funcionários com olhos de dono fazem avançar novos modelos de negócio, produtos ou serviços e categorias, levando a companhia rumo à inovação.

O intraempreendedor possui as mesmas habilidades comportamentais de um empreendedor, porém tem um desafio extra de precisar ajustar suas ideias e iniciativas à cultura da empresa em que trabalha.

Uma comparação simples que gosto de usar para diferenciar essas modalidades de empreendedorismo é que, enquanto o empreendedor tem liberdade ilimitada e poucos recursos, o intraempreendedor tem liberdade limitada e muitos recursos.

Como existem algumas diferenças sutis e outras mais marcantes entre essas duas modalidades, vou aprofundar mais em suas diferenças, partindo da comparação acima.

Enquanto o empreendedor tem liberdade para pensar, criar ou mudar o seu negócio, o intraempreendedor precisará seguir políticas corporativas e justificar ajustes ou alterações de rota.

É verdade que o empreendedor, em estágios mais avançados de sua jornada e contando com investimentos externos, terá menos flexibilidade, mas ainda assim terá sempre maior agilidade do que o intraempreendedor. A principal razão será pelo fato que seus processos e rotinas ainda estão sendo testados, enquanto o intraempreendedor precisará navegar e ajustar-se aos processos já estabelecidos.

Por acesso a recursos entenda áreas de suporte e apoio, como finanças, recursos humanos, tecnologia, jurídico ou compras. Em uma empresa, essas áreas existem e podem prestar serviço ao intraempreendedor, para que ele mantenha foco em sua iniciativa.

O empreendedor, por sua vez, precisa fazer muitas vezes todos esses papéis no início de sua jornada, o que gera um enorme aprendizado, porém grandes dificuldades.

Caso tenha um problema com seu computador, por exemplo, não terá uma área de tecnologia para ajudar, precisa solucionar sozinho. Precisa de informações e pesquisas, precisa ir atrás. Organizar um evento, idem. Em caso de dúvidas fiscais ou legais, tem de buscar ajuda com parceiros também.

Existe um certo romantismo sobre o verbo empreender, pois geralmente são celebradas aquelas empresas que superaram a barreira de 1 bilhão de dólares em valor de mercado, apelidadas de empresas unicórnios. Note que apenas a minoria alcança esse valor de mercado, enquanto a vasta maioria fica pelo caminho.

Ben Horowitz, cofundador de uma empresa de *venture capital*[1] no Vale do Silício e autor do best-seller *O lado difícil das situações difíceis* (WMF Martins Fontes, 2015), ilustra bem as experiências de fundar, gerir, vender, comprar e investir em companhias de tecnologia do Vale do Silício. Aprendizados reais que não são ensinados ainda em escolas de negócios.

A atividade empreendedora, portanto, está intimamente ligada a assumir riscos e não ter total controle dos resultados.

Repare que a inovação só é possível quando carrega algum nível de risco ou desconforto, afinal, estará rompendo algum padrão estabelecido. Há 5 ou 10 anos, se eu dissesse que você não precisaria mais ir ao banco para fazer seus investimentos ou pagamentos, já que tudo seria feito através de um aplicativo em seu celular, você acreditaria? Provavelmente, além de não acreditar, essa hipótese causaria enorme sensação de insegurança e desconforto.

Agora repare como seus hábitos têm sido transformados por novos serviços que romperam completamente a maneira tradicional de fazer as coisas. Uber (mobilidade), Airbnb (estadia), iFood (alimentação), Amazon (compras), Netflix (conteúdo), Loggi (entregas), apenas para citar alguns mais conhecidos. Quando cada um deles surgiu, qual foi a sua sensação na primeira experiência? Perguntou a outras pessoas se podia confiar? Buscou informações de origem? Normal, pois existia um desconforto que com o tempo foi vencido e, quanto mais pessoas usavam, mais nos sentíamos confortáveis em usar também.

Aqui aparece um paradoxo interessante entre o papel do intraempreendedor e a cultura das organizações estabelecidas, que é a tolerância a esses riscos e desconfortos.

Enquanto as organizações operam e possuem práticas e processos para controlar e evitar riscos, o intraempreendedor sabe que apenas correndo riscos e gerando desconforto será capaz de inovar.

---

1   *Venture Capital* (VC) é um tipo de fundo de investimento focado em capital de crescimento para empresas de médio porte que já possuem carteira de clientes e receita, mas que ainda precisam dar um salto de crescimento. Fonte: Dicionário Financeiro.

Enquanto o empreendedor busca o crescimento exponencial do seu negócio, sem ter o lucro como o principal indicador de performance, as empresas estabelecidas têm na geração de lucro seu principal foco.

O empreendedorismo tem no crescimento exponencial sua principal alavanca de validação de modelo de negócio e atração de mais investimentos. Sua receita e investimentos de fora serão quase totalmente reinvestidos no crescimento e no desenvolvimento do próprio negócio.

As empresas já estabelecidas, por outro lado, buscam também crescimento, desde que ligado à geração de lucro para seus acionistas. Logo, essas empresas reinvestem apenas uma parte de suas receitas para seu crescimento (isso se deve ao fato de já possuírem alguma presença de mercado, o que lhes oferece receitas recorrentes), enquanto distribuem uma parte aos seus acionistas e acumulam a outra parte.

Até aqui espero ter conseguido demonstrar que existem boas diferenças entre essas duas modalidades de empreendedorismo. As habilidades e competências profissionais de um empreendedor e de um intraempreendedor serão parecidas, mas não iguais.

A seguir, proponho um quadro-resumo, que tenta demarcar essas diferenças entre operar dentro e fora de uma empresa estabelecida.

AMBIENTE EMPREENDEDOR	AMBIENTE INTRAEMPREENDEDOR
Liberdade	Liberdade controlada
Foco no crescimento	Foco no lucro
Foco em estruturação	Estruturado
Define metodologias	Aplica metodologias
Falha é parte da jornada	Aversão à falha

Os termos "organização" ou "empresa" escondem três grandes modalidades que gostaria de diferenciar: multinacionais, nacionais e governamentais. Cada uma com uma dinâmica diferente.

Enquanto as empresas multinacionais são mais estruturadas e guiadas por processos globais mais rígidos, buscando uniformização de práticas, as nacionais tendem a ter uma natureza mais flexível, mas também com uma cultura mais personalizada em seu fundador. As pertencentes ao governo serão as mais rígidas desse grupo, tendo bastante dificuldade para inovar.

Cabe ao intraempreendedor desenvolver um conjunto de fortalezas e habilidades para lidar com diferentes modalidades, contextos e culturas organizacionais.

"Numa empresa de dono existe uma coragem de acreditar no que está lá na frente. Se você, por exemplo, apresenta um projeto num ambiente de confiança e se compromete a buscar a receita, mas precisa de investimento a curto prazo, o dono vai falar: 'Vai lá!'. Já numa multinacional você vai construir sua equipe dentro de um percentual da receita total gerada."

Maria Laura Nicotero,
CEO da Momentum Worldwilde Brasil

Lembra-se da pergunta na introdução deste livro sobre ser uma melhor opção para os profissionais que têm espírito empreendedor e disruptivo sair das empresas e montar suas start-ups?

Qual o modelo ideal? Não existe! Interessante observar que, muitas vezes, quem está dentro das empresas quer sair em busca da liberdade, e quem está fora quer entrar em busca de estabilidade.

Existem perfis diferentes. Correr riscos dentro de uma estrutura já organizada e com capital alheio é muito diferente de correr riscos sozinho, sem estrutura e com capital próprio.

Conheço casos de profissionais que saíram de empresas para empreender e decidiram voltar, e vice-versa. Operar com uma estrutura de apoio exige habilidades de negociação, lidar com vaidades e poder, diferentes de construir essa estrutura para um negócio novo.

Ter outras pessoas para apoiar, questionar e validar hipóteses é comum ao intraempreendedor, que, quando experimenta o empreendedorismo, pode perder-se pela solidão e pelas novas habilidades de operar em redes de relacionamento, que precisam ser identificadas, formadas e nutridas.

Usando uma analogia, diria que intraempreender equivale a um esporte radical com segurança, como saltar de paraquedas com o instrutor ou jogar-se numa tirolesa com todos os equipamentos. Já empreender é um salto no desconhecido. Existe um ponto de partida e caminhos possíveis a trilhar, mas tudo pode mudar na jornada e você não terá sempre o apoio necessário disponível. Seria como dar um pulo de paraquedas sozinho, mergulhar no oceano aberto sem saber o que vai encontrar ou descer uma montanha de esqui saltando de um helicóptero.

Você pode estar se perguntando sobre qual o melhor modelo de caminho profissional dentro dessas duas modalidades de empreendedorismo. Acredite, não existe uma resposta, afinal, existem diferentes organizações e estágios de empreendedorismo: uma start-up que fatura 10 milhões de reais será muito diferente de outra que fatura 1 bilhão. Minha recomendação é buscar encaixar o seu estilo e as duas habilidades onde possa ter uma melhor contribuição e realização profissional.

Vou propor outra reflexão guiada a seguir, que talvez ajude a identificar como você lida com a combinação risco *versus* desafio. Num mundo idealizado, todos gostariam de lidar com iniciativas de baixo risco e muito desafio ou resultado.

Sinto dizer que algo assim nunca vi. No outro extremo, sempre vale cuidado quando nos deparamos com algo com alto risco e baixo desafio ou resultado. Cuidado com essa combinação, pois significa loucura à vista. Tomar muito risco para não ter retorno não faz sentido.

Iniciativas com baixo risco e desafio ou resultado serão aquelas presentes em nosso dia a dia, já consolidadas e parte de nossas tarefas habituais. Nada de errado aqui, mas nesse espaço não há nenhuma inovação ou algo diferente.

Finalmente, iniciativas com maior risco, mas com grande potencial de desafio e retorno serão aquelas que podem gerar disrupção e mudança no *status quo* nos negócios, porém serão as mais difíceis de incorporar.

Estar nesse último quadrante pode parecer o desejável e até óbvio, mas pergunto: quantas vezes você ou sua empresa conseguiu apoiar e sustentar iniciativas nesse quadrante?

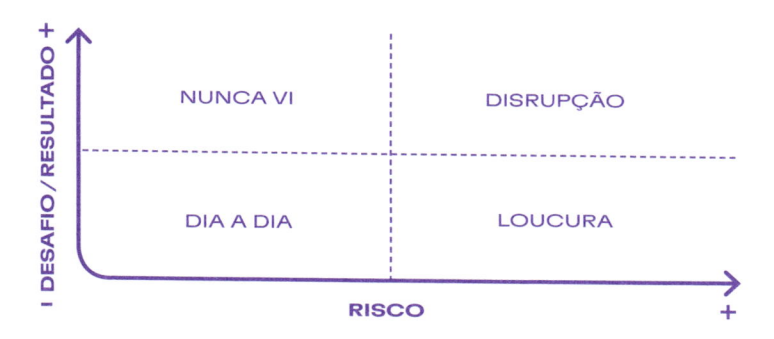

Existe sempre uma pergunta clássica dentro das empresas para validar projetos: "Quais serão os indicadores de performance e sucesso?". Note que, na modalidade de empreendedorismo, o principal indicador será a taxa de crescimento, que valida o modelo de negócios, e outros indicadores serão definidos ao longo da jornada, à medida que mais e mais interações forem feitas com os consumidores.

Tentar preestabelecer uma lista de indicadores para conseguir aprovar uma iniciativa de risco é um total paradoxo, considerando o que examinamos acima.

Seria equivalente a buscar grandes resultados, mas controlando todas as variáveis, evitando ou eliminando riscos. Infelizmente, essa é uma das maiores barreiras para um intraempreendedor.

Dizer que a iniciativa tem riscos e que indicadores serão formados ao longo do processo é praticamente uma heresia corporativa. Assim geralmente serão criados indicadores, mesmo de maneira empírica, para prover algum senso de controle e conforto corporativo.

Em algumas iniciativas, precisei criar cenários e previsões em que eu mesmo nem acreditava, mas que eram necessários para conseguir aprovação e recursos liberados. Empresas têm memória curta, e há tantos indicadores que, apesar de você ter definido alguns para iniciar, existe espaço para ir recalibrando ao longo do processo.

Experimentei as duas modalidades de empreendedorismo durante a minha carreira e recomendo a quem puder fazer o mesmo. São dinâmicas semelhantes avaliando de longe, mas bem diferentes no dia a dia. Ambas trazem um aprendizado incrível, com desafios, frustrações e realizações. Posso assegurar por conhecimento próprio que você entrará e sairá de qualquer experiência empreendedora diferente e mais fortalecido.

"Eu gosto das metáforas. Imagina que você está numa estrada a 150km/h, e na sua frente tem um túnel totalmente escuro. Intraempreendedorismo é exatamente isso. Temos a tendência a reduzir a velocidade e entrar nesse túnel a 10km/h para tentar enxergar o que está à frente e nos acostumar àquela escuridão. O mundo de hoje exige que a gente entre nesse túnel a 150km/h. Algumas empresas já têm essa mentalidade em seu DNA, e entram a 140 ou 130km/h, enquanto as empresas tradicionais reduzem para entrar a 10km/h, perdendo já na largada."

Marcelo Pacheco,
vice-presidente de vendas e inovação na Warner Media

Lidar com medo e desconforto

Uma start-up é um modelo de negócio ainda não consolidado operando num ambiente de incertezas.
ERIC RIES, empreendedor e escritor do best-seller *A start--up enxuta* (Editora Sextante, 2019)

O medo de não entender ou não conseguir se encaixar nas novas dinâmicas do mundo é real. Ele se manifesta em qualquer um de nós, e esta é a boa notícia: você não está só.

A questão é o que fazer com esse medo, que na maioria das vezes é paralisador. Nosso cérebro guarda traços de nossos tempos ancestrais. Assim, numa situação de medo, são disparadas três reações em nosso corpo, descritas em 1927 pelo norte-americano Walter Bradford Cannon, professor de fisiologia da Universidade de Harvard. Em sua teoria, quando confrontamos o medo, ocorre uma descarga no sistema nervoso simpático (aquele que não controlamos), gerando uma ação de congelamento (*freeze*), enfrentamento (*fight*) ou fuga (*flight*).

Nossos medos se dividem em reais e imaginários, e as reações variam de intensidade conforme a pessoa e o contexto.

"Nunca houve tanto terror e medo nas organizações. É como se estivéssemos revivendo os tempos da queda da Bastilha na Revolução Francesa. Vivemos um período de inflexão, e acredito que a primeira coisa a se fazer é reconhecer que você também está com medo. E não tente ser o machão que não teme nada. É até legal ter um pouco de medo, pois ele te impulsiona. Ele também pode ser paralisante, mas se você conseguir conversar um pouco com ele, vai descobrir que é uma força motriz importante. Vai ajudar você a dar passos mais decididos."

Fernando Luna,
jornalista, ex-diretor editorial na Editora Globo e na Trip Editora

---

Independentemente da idade ou geração, somos seres em busca de segurança, conforto e equilíbrio. Poucos são aqueles que buscam risco, questionamento ou confronto.

Retomando a analogia com a prática esportiva usada anteriormente, a grande maioria das pessoas preferirá os esportes mais tradicionais, em que existem riscos, porém calculados, enquanto poucos buscarão esportes mais radicais. Embora sejam chamados de "loucos" pelos primeiros, estes dirão que apenas estão dando vazão à sua necessidade de adrenalina. O intraempreendedor seria como um praticante de esportes radicais dentro de uma organização: por mais que ele planeje e se prepare, sempre assumirá uma dose de risco superior aos demais. Lidar com a sensação do medo faz parte de sua rotina, no entanto, a convivência com o improviso e a incerteza vai aprimorando seus instintos e favorecendo seu avanço em vez da fuga ou do congelamento.

"O que move um empreendedor é o que o fez investir e construir seu negócio. Não há aversão ao risco. Ele não ouve sobre isso. Ele está embriagado pelo sonho, pela força de vontade, pela certeza de que vai conseguir. Não existe a possibilidade de dar errado. Existe uma coragem para errar, errar, errar e seguir aprendendo, ousando e avançando."

Maria Laura Nicotero,
CEO da Momentum Worldwilde Brasil

Estar em conexão com outras pessoas é um imperativo biológico que possuímos e que nos traz sensações de proteção e segurança. Estamos constantemente gravitando entre sensações de segurança e risco. Logo, a maioria das pessoas apresenta tendência em buscar segurança e proteção, e esse comportamento se expressará sempre em grupo, maximizando a sensação de conforto.

Se temos os praticantes de esportes radicais de um lado e seus opositores ou questionadores do outro, há ainda um terceiro grupo, formado por aqueles divididos entre a busca da segurança, mas também curiosos pelas aventuras com algum risco.

Acredite: não existe melhor ou pior grupo para estar, pois eles fazem parte de nossa natureza e se expressam em nosso mundo e nas empresas. E acredite, uma mesma pessoa pode fazer parte de qualquer um desses grupos, de acordo com o contexto.

Logo, cabe ao intraempreendedor mapear seu ecossistema de atuação, construindo um plano de ação para lidar com cada tipo de reação ao medo.

Tem uma frase que deveria estar na mesa de cada intraempreendedor: "Está com medo? Respira e vai com medo mesmo!". Afinal, medo e desconforto estarão presentes em qualquer iniciativa, em maior ou menor escala.

Se, por alguma razão, você não tem medo ao empreender, significa que seu projeto ou iniciativa não apresenta nenhum componente de inovação. Portanto, reflita! Qualquer novo processo, produto, serviço ou plataforma irá gerar desconforto. Há algo de errado se, ao apresentar uma nova iniciativa, todos concordarem com seus argumentos e ponderações.

Na tentativa de conseguir fazer nossos projetos fluírem, muitas vezes é normal tentarmos conciliar diversos interesses e pontos de vista, mas deixo três perguntas para sua autorreflexão:

- Você acredita na iniciativa que está propondo?
- Você investiria seu próprio capital nela?
- Esse projeto fará alguma diferença concreta e tangível à empresa?

Novamente, não existe certo ou errado aqui, mas confie, inovação só acontece gerando algum nível de desconforto. Saber navegar entre apoiadores, contestadores e os "em cima do muro" é uma habilidade vital para qualquer intraempreendedor – mais adiante iremos nos aprofundar nesse tema examinando os quatro comportamentos das pessoas frente ao novo.

"Alguém competitivo estará sempre na fronteira da sua atividade. Se você está no nível básico, estará no limite buscando o próximo nível, e assim por diante. Essa atitude expõe você a lesões e falhas. Com o tempo, isso acaba fazendo parte da sua natureza. Logo, você persegue seus objetivos e não se importa tanto com eventuais tropeços. Eles fazem parte."

Aldo Bergamasco,
consultor de bens de consumo e educação na Spencer Stuart

Desenvolvendo a capacidade de lidar com a falha

EIS O MEU 3º APRENDIZADO

> *É preciso despir-se de crenças. No mundo da inovação, se você não estimula o erro, é ruim. Dessa forma, as pessoas fazem sempre tudo igual para nunca errar.*
> **RODRIGO GALINDO**, CEO da Cogna

Como diz o ditado: "Só erra quem faz diferente e só faz diferente quem não tem medo de errar". Fomos educados a evitar o risco e a repudiar a falha. O verbo falhar, geralmente, traz uma sensação de fracasso ou conotação negativa.

Tirar notas baixas, ficar em recuperação, escolher uma carreira e não gostar, entrar na faculdade e depois querer mudar de curso, sair de uma empresa por falta de alinhamento cultural, falhar em um projeto... São muitos os exemplos que podemos encarar como falhas.

Fomos educados e acostumados a celebrar apenas os sucessos, mas aprendemos muito mais por meio de nossas falhas. Nelas nos despimos. Nelas somos criticados e tiramos aquele manto de perfeição que nos cega.

Ter aversão à falha significa estagnação e repetição de fórmulas provadas historicamente como erradas.

Você pode até querer saber e me perguntar: "Wacla, o que há de errado em repetir fórmulas que funcionaram historicamente?".

E eu respondo: Nada. Porém, deixarei esta pergunta no ar: "Será que o que funcionou para um mundo e um contexto que já passaram terá resultados similares para o mundo e o contexto de hoje ou amanhã?".

Já ouvi em sala, durante uma aula na Fundação Dom Cabral, a seguinte pergunta de um aluno que atua como alto executivo: "Professor, minha estratégia de negócios é nunca tomar riscos. Espero o concorrente ir primeiro e, quando ele erra, já sei o que *não* fazer".

Eu lhe respondi: "É uma opção. Você aprende o que *não* fazer, mas não necessariamente *o que fazer*. Enquanto seu concorrente está avaliando dados concretos, você vai lançar seu produto baseado em dados empíricos e sem garantias de que seu modelo funcionará, além de sempre copiar, sem investir energia em aprender".

Não tem nada de errado em copiar, mas sempre preferi ser pioneiro e liderar os mercados ou categorias nas empresas onde trabalhei.

Ainda sobre esse ponto, reflita sobre seu comportamento quando compra algum produto. Você valoriza e prefere comprar as marcas pioneiras, que apresentam novas tecnologias e soluções, ou busca aquelas que vêm na sequência, sabidamente copiando as mais corajosas?

Se sua motivação principal é estar na fronteira tecnológica e acessar produtos e serviços mais modernos, certamente você será um consumidor fiel das marcas pioneiras. Existe também um grupo de consumidores esperando determinada tecnologia ganhar mais escala, para assegurar-se de que ela funciona, é estável e confiável. Esse grupo irá esperar.

Vejo muita ligação entre os conceitos de inovar e empreender: ambos implicam assumir riscos e, eventualmente, incorrer em falhas.

Diferentemente dos modelos clássicos de desenvolvimento de produtos ou serviços, criados e testados à exaustão na busca do "erro zero", os modelos contemporâneos de desenvolvimento buscam o aprendizado pela interação real com consumidores ou usuários.

Fomos educados pelos modelos clássicos de negócios a minimizar erros, buscando a perfeição, por meio de testes empíricos e longas discussões teóricas. Resultado desse pensamento são ciclos de meses e anos para que empresas multinacionais lancem algum produto novo. Durante minha carreira, cansei de ver produtos e serviços que estavam bons o suficiente para serem lançados, mas que ter uma nota 6 ou 7 não era suficiente. Buscava-se uma avaliação 9 ou 10.

Enquanto isso, empresas da nova economia ou economia de serviços, como Uber ou Spotify, aprendiam fazendo. Criavam e testavam, e se não funcionasse ajustavam e relançavam seus serviços em nova versão. Críticas de seus usuários eram recebidas como feedback e não como algo depreciativo. Uma frase que representa bem essa nova maneira de pensar e agir é: "O feito é melhor que o perfeito".

Como já examinamos, as pessoas têm mais acesso às tecnologias digitais e ganharam mais poder e voz. Elas querem participar, criar e opinar. Logo, convidá-las a participar e ouvir suas opiniões é parte de uma nova dinâmica de construção de produtos e serviços.

O foco e o protagonismo dessa evolução de pensamento foram transferidos da marca ou do serviço para o cliente ou o usuário. Tomemos o Facebook como exemplo de empresa que testa seus novos serviços com uma pequena parcela de usuários mais fiéis.

A partir desses aprendizados e feedbacks, existe uma nova rodada de ajustes e melhorias antes de lançar para os demais usuários. O Spotify, o Twitter e outras plataformas usam dos mesmos princípios.

Existem dois ganhos evidentes nessa mentalidade. O primeiro é reconhecer e pedir ajuda a seus consumidores ou usuários mais fiéis. O segundo é aprender fazendo, ou seja, por meio de interações reais com esse grupo de usuários, corrigindo eventuais falhas.

No ecossistema start-up, as falhas são discutidas como forma de fortalecimento e aprendizado. Existe até uma conferência mundial para esse fim, chamada FailCon (www.thefailcon.com), em que se dividem aprendizados como forma de acelerar outros negócios.

Enquanto isso, no mundo das empresas estabelecidas, a falha é penalizada e apenas sucessos são celebrados. Imagine a quantidade de erros e aprendizados que ficaram pelo caminho sem ser discutidos. Aqui existe um grande aprendizado entre velha e nova economia.

"Existem muitas barreiras com o erro no nível pessoal. Falamos muito sobre a cultura do erro lá fora, mas se a gente erra, queremos nos afundar. Pegamos um chicote e nos batemos. Como pular no risco sem errar? Existe uma aversão ao erro, um gasto de energia com ele em que perdemos muito tempo e recursos. Acredito que ainda estamos muito preocupados com o 'eu sei', 'eu sei', 'eu sei', e ainda não fazemos as perguntas certas, nos jogando em lugares que ainda não conhecemos para evoluir."

Carol Romano,
cofundadora da Maker Brands, The Mind Factor e idealizadora da Jornada da Felicidade

---

A aversão ao risco e às falhas leva as empresas a evitar iniciativas com potencial médio ou alto de incerteza, privilegiando iniciativas que vou denominar de "renovação", expandido o que já existe e se prova funcionar. Exemplos de renovações são extensões de linhas de produtos, lançamento de novos sabores ou serviços acessórios aos já existentes, sem criar uma nova proposta de valor para o consumidor.

Enquanto a inovação apresenta uma equação mais incerta entre risco e retorno, mas com possibilidade de crescimento exponencial, a renovação busca reduzir os riscos aceitando retornos menores, com possibilidades de avanços pequenos, muitas vezes laterais.

Não é que esteja errado. Cada empresa deve avaliar seu contexto de negócios para decidir o melhor movimento a fazer. Fato é que, se a decisão for por inovar, as iniciativas que implicam riscos de falha serão testadas à exaustão, levando projetos a ciclos de meses ou até anos para sair do conceito à execução.

Enquanto isso, no mundo empreendedor, as novas empresas vão ganhando agilidade ao adotar a metodologia do MVP (*minimum viable product,* que significa mínimo produto viável, mas voltaremos a esse conceito no capítulo 14).

Criada para acelerar os ciclos de inovações, o MVP define as características mínimas que determinado produto ou serviço deve possuir para ser viável e comercializado para seus primeiros consumidores.

Isso agiliza sua colocação no mercado. A partir do feedback dessas pessoas, o produto ou serviço será progressivamente melhorado até atingir maturidade para ser lançado em mercados maiores.

Como intraempreendedor e consultor, vi muitos exemplos dentro das empresas estabelecidas, especialmente multinacionais, de áreas de inovação operando quase como extensões do departamento financeiro.

Quando deveriam ter profissionais especialistas em mapear e identificar *insights*, transformando-os em iniciativas de crescimento para o negócio, tinham em sua maioria profissionais financeiros e gestores de projetos, com foco em justificar qualquer iniciativa nos mínimos detalhes, assegurando recursos financeiros para o seu desenvolvimento.

Porém, atualmente, existe uma quantidade crescente de empresas que tem na agilidade e velocidade de pensar, testar e aprender o seu principal diferencial.

Enquanto as empresas tradicionais, movidas pelo seu rigor técnico, demoram meses para lançar algum novo produto ou serviço, outras já estão no segundo ou terceiro ciclo de testes, além de contarem com a preferência dos consumidores.

Meu desafio como consultor é criar o conforto necessário para que práticas mais ágeis sejam adotadas, mesmo que em menor escala, garantindo ciclos curtos e rápidos de aprendizado que, quando disseminados pela organização, têm a capacidade de gerar mais conforto e segurança para abrigar mais projetos de intraempreendedorismo.

Inovar ou renovar é uma opção diretamente ligada à capacidade e à tolerância ao risco que qualquer empresa está preparada para tomar. Vale a pena, porém, considerar o contexto competitivo e em constante transformação em que vivemos. Logo, entendo renovação como uma ação de atualização ou sobrevivência, enquanto inovação significa exploração e busca de receita incremental.

Combinar ambas talvez seja o ideal numa busca de proteção e exploração, lembrando que cada uma requer uma dinâmica e mentalidade bem diferentes, como ilustrado há pouco. Atenção para não encarregar essa mesma equipe de ambas as iniciativas.

NÃO ASSUMIR RISCOS, POTENCIALMENTE, É O MAIOR DE TODOS OS RISCOS.

"Deveríamos falar mais sobre os erros, até para ajudar aqueles que estão começando. Acho que a nossa geração está num processo de transformação, possivelmente de falar mais sobre isso, porque o jovem empreendedor precisa saber e entender que nós não somos o máximo. Isso aqui não é um caminho impecável. Se não teve coragem de errar, talvez não acerte."

Maria Laura Nicotero,
CEO da Momentum Worldwilde Brasil

UMA COMPARAÇÃO SIMPLES QUE GOSTO DE USAR PARA DIFERENCIAR ESSAS MODALIDADES DE EMPREENDEDORISMO É QUE, ENQUANTO O EMPREENDEDOR TEM LIBERDADE ILIMITADA E POUCOS RECURSOS, O INTRAEMPREENDEDOR TEM LIBERDADE LIMITADA E MUITOS RECURSOS.

2

DECODIFICANDO O INTRAEMPREENDEDORISMO

Após examinarmos o ambiente macroeconômico e diferenciarmos as modalidades de empreendedorismo, vamos agora mergulhar, nos próximos capítulos, no que considero fatores-chave para que você se torne um intraempreendedor de sucesso.

Mesmo que você não seja um intraempreendedor, esses fatores podem ser importantes, afinal, eles fazem parte dos princípios e competências das novas lideranças e são muito praticados em empresas da nova economia que admiramos.

Terminarei esta parte com um capítulo dedicado às sensações pelas quais passei durante mais de 20 anos como intraempreendedor. Decidi dedicar um capítulo às sensações, pois muitas vezes essa é uma jornada solitária, disfarçada em cargos de nomes bonitos.

Sou um grande fã de dividir meu lado B, tropeços e inquietações, pois foram eles que me fizeram amadurecer e me sentir maduro para contar minha história e meus aprendizados.

Mas vamos iniciar com os fatores-chave para o sucesso.

CAPÍTULO 3
ONDE ESTÃO ESCONDIDOS OS INTRAEMPREENDEDORES?

MEU 4º APRENDIZADO

Empreender dentro de organizações estabelecidas é necessário! Acredito que, a essa altura, você concordará com essa afirmação, por considerar a velocidade da evolução do mundo, que traz novos desafios e demandas aos negócios, certo? A pergunta, então, é: por que não escutamos mais histórias e exemplos de disrupções advindas das empresas já estabelecidas?

Minha teoria é que as empresas seguem escondendo suas falhas e preferem celebrar apenas seus sucessos. Recentemente, tentei inserir um painel sobre falhas em um dos maiores eventos de negócios do nosso mercado. A resposta foi negativa, com a justificativa de que o evento perderia patrocinadores, afinal, os grandes executivos só querem subir ao palco para serem aplaudidos.

Aqui existe uma oportunidade grande para o amadurecimento dos profissionais das grandes empresas estabelecidas. Obviamente existem exceções, e vou citar uma do Frederico Trajano, CEO da Magazine Luiza, que foi sempre muito aberto em dizer que estava testando novos modelos de negócios e dividir seus principais aprendizados.

Antes que você ache que essa barreira é puro ego (e em parte é mesmo), o principal desafio está dentro das próprias organizações, que não acolhem a falha, muito pelo contrário, punem aqueles que falham com avaliações ruins e até demissão.

Essa relação mal resolvida das empresas com a falha desencoraja muitos intraempreendedores a se manifestar. Enquanto eles poderiam contribuir, questionando e oferendo novas possibilidades aos negócios, estão buscando espaço, conversando e negociando para conseguirem permissão para agir. Essa dinâmica de preservação de *status* desencadeia uma grande perda de energia, motivação e engajamento entre os intraempreendedores.

Enquanto nas empresas da nova economia a falha é parte natural do processo de crescimento das pessoas e do negócio, nas empresas tradicionais ela ainda é encarada como erro, falta de atenção ou tomada de riscos desnecessários. A própria estrutura de remuneração vigente, que trataremos mais adiante, também não incentiva a tomada de riscos ou compartilhamento de falhas.

Lembro de alguns exemplos marcantes durante minha carreira. Muitas vezes vi pessoas investindo mais energia explicando ou justificando suas falhas do que assumindo, repartindo aprendizados e investindo a mesma energia em buscar novos caminhos.

Existe um policiamento até cruel que leva o intraempreendedor a perder a iniciativa, com receio de ser punido.

Durante minha passagem por uma multinacional, fui advertido por ter divulgado uma nota de imprensa em que declarava que a empresa estava buscando novos parceiros de negócios, tentando alcançar o próximo patamar de execução digital.

Segundo meu chefe na época, eu estava desprestigiando outros parceiros e colegas, quando minha intenção era demonstrar ao mercado que estávamos abertos à colaboração.

Acredito que, com o tempo e novas dinâmicas, as falhas serão mais aceitas, e os desempenhos internos irão evoluir para um patamar de maior transparência e abertura.

Em uma das muitas conversas que tenho pelo mercado sobre como incentivar e dar mais visibilidade ao intraempreendedorismo, gostaria de citar uma que tive com o Maximiliano Carlomagno, sócio-fundador da empresa de consultoria de inovação Innoscience, que também tem bastante experiência nesse tema.

Consultores têm uma fortaleza, que admiro muito, de gravitar o mercado, conversando com empresas de diversos portes e segmentos, e a partir desse olhar privilegiado são capazes de traçar cenários, buscar analogias e propor metodologias.

Segundo Max, existem quatro barreiras principais que travam a atividade intraempreendedora nas empresas: tempo, capital, recursos e metodologias.

Em seguida, vou refletir sobre cada uma delas, usando minha jornada pessoal como intraempreendedor, além de adicionar opiniões dos profissionais que entrevistei para este livro.

Tempo

É muito comum dentro de empresas alguém com alta performance ou *high potential* receber um projeto de inovação ou com características de empreendedorismo para tocar em paralelo às suas atividades normais. É normal nas empresas, nesses casos, aproveitar e desafiar seus melhores talentos, buscando melhores soluções para o negócio.

O objetivo está perfeito, porém, a *forma* pode comprometer o resultado e as expectativas, tanto da empresa como desse colaborador.

Explico: se um projeto é importante para a empresa, certo tempo deverá ser dedicado. Afinal, para algo novo, serão necessários mais tempo, mais alinhamento, mais investigações, mais recursos, mais tudo... Fora a expectativa que é gerada de uma entrega mais do que satisfatória, a partir de um acúmulo de atividades.

Esse profissional de *high potential* na maioria dos casos aceitará o novo projeto, por ser uma maneira de obter mais atenção e oportunidades.

Presenciei casos de colaboradores que aceitaram desafios importantes e sensíveis ao negócio sem renegociar suas atividades habituais. Como resultado, tiveram queda em suas entregas em ambas as frentes. Ter um pé em cada canoa enquanto se está remando, ou mesmo parado, é bastante perigoso.

Vale sempre negociar tempos e prioridades. Existe um ótimo ditado popular que diz "o que é negociado ou combinado não sai caro".

Se a iniciativa é realmente importante para a empresa, tempo e recursos devem ser alocados e dedicados.

Recursos

Novas iniciativas, especialmente aquelas com impacto no negócio, implicam formar equipes altamente competentes. O desafio principal será conseguir negociar o tempo e a dedicação exclusiva desses colaboradores.

Por serem considerados de alto potencial, provavelmente já cumprem missões importantes no dia a dia, espalhados pelas áreas e atividades da organização.

Conhece aquela analogia do "cobertor curto"? Exato! Se os recursos são escassos, como alguma área pode prescindir de algum deles para outra iniciativa? E como será capaz de entregar seus resultados sem aqueles recursos? Essas discussões e negociações longas acabam detendo o início de projetos com potencial ganho para o negócio.

É muito comum que tomemos decisões para agradar a todos ou contemporizar ânimos, mas, sem o devido foco na necessidade do projeto, ocorrem coisas como as áreas cederem colaboradores menos capacitados devido à impossibilidade de disponibilizar o colaborador ideal.

Muitas vezes ouvi a justificativa de "não consigo liberar o Fulano que você precisa, mas consigo liberar Beltrano, que poderá contribuir, além desse projeto poder ser incrível para o desenvolvimento dele". Note que, além de não conseguir o recurso da qualidade que precisava, ainda ganhei a responsabilidade de desenvolver uma pessoa.

Todos podem contribuir, mas a pergunta a se fazer é sobre a qualidade dessa contribuição. Além disso, formar ou estar em uma equipe de alta performance é sempre um grande incentivo, tanto para quem lidera, quanto para quem participa. Ser desafiado e estar em um grupo de pessoas incríveis é altamente motivador.

Força de vontade e desejo não serão suficientes. Sempre preferi ter equipes menores e mais qualificadas a ter equipes com representantes de todas as áreas envolvidas, mas sem qualidade de contribuição e poder de influência.

Equipes formadas com o disponível naquele momento comprometem qualquer iniciativa ambiciosa que precisa agregar valor e fazer a diferença na empresa.

Sou favorável a negociar prazos e esperar pelos recursos certos em detrimento de começar com uma equipe não ideal, acreditando simplesmente que, ao começar, os recursos humanos ideais se somarão ao longo da jornada. Algumas vezes caí nessa armadilha e sinto informar que, na minha experiência, isso raramente dá certo.

E também não se esqueça de considerar os recursos externos necessários. Muitas vezes, em determinada iniciativa, algumas habilidades ou aptidões ainda não estarão disponíveis internamente, e acessar esses recursos temporariamente também é uma via de avançar e, em paralelo, transferir novas habilidades e conhecimentos para a empresa.

Esses recursos externos poderão vir de qualquer parceiro de negócios disponível, como agências, empresas de tecnologia ou até freelancers.

Em uma iniciativa de intraempreendedorismo em que precisava montar uma plataforma de serviços, encontramos essa solução em uma empresa de tecnologia que, através de uma parceria, dedicou uma equipe de desenvolvimento que construiu essa plataforma customizada para nossas necessidades. Fazer o mesmo projeto dentro de casa demoraria anos.

Recomendo também sempre avaliar primeiro a disponibilidade interna dos recursos necessários. Temos uma tendência a sempre buscar fora e, como as áreas de inovação e novos negócios estão sempre disputando recursos humanos e financeiros, é comum terem dificuldades para nos ajudar.

Por essa razão, as iniciativas de intraempreendedorismo precisam ter visibilidade da alta gestão, garantindo que tenha recursos disponíveis. Fazer por baixo do radar nunca foi uma boa opção em minha experiência, pois em algum momento você ficará sem recursos e precisando justificar por que fez determinado projeto sem alinhamento.

"As grandes companhias trabalham em matrizes que criam silos — Fulano é desenvolvimento de marca, Sicrano faz inovação, Beltrano faz determinada coisa. Ao longo da minha carreira, entendi que 50% do trabalho de um líder é colocar as pessoas para trabalhar juntas. Sempre acreditei na criação de modelos de interdependência, ou seja, eu não posso ter sucesso se você também não tiver, e vice-versa. Essa é uma das minhas grandes filosofias, que trouxe do meu lado empreendedor para as empresas grandes."

Marcos Angelini,
presidente da Red Bull na América Latina

Capital

Empreender e inovar demanda capital. Entenda por capital a combinação de recursos tecnológicos, físicos (espaço e mobiliário) e financeiros (para pagar terceiros, comprar equipamentos ou fazer pesquisas).

Estou assumindo que a fase de venda interna da ideia já foi concluída, ou seja, existe a intenção real da empresa de fazer algo concreto. Para tanto, foi discutido e aprovado um montante de capital para viabilizar essa iniciativa.

Como examinamos anteriormente, intraempreender implica assumir riscos quanto a processo e resultados, dessa forma, indicadores de performance não serão precisos como em projetos normais. Às vezes, esses indicadores serão criados durante o projeto por falta de qualquer base de comparação.

Essa é uma combinação explosiva para empresas. Logo, sempre existe a possibilidade de o capital destinado a novos projetos ser "flutuante". Ou seja, recursos que são destinados e depois retirados, ou até congelados, de acordo com flutuações dos resultados econômicos e do negócio.

O intraempreendedor precisará ter bastante habilidade em formar e manter um sistema de informação com todos os envolvidos em seu projeto, especialmente aqueles que influenciam e decidem sobre a alocação de recursos e capital. Caberá a esse intraempreendedor, quando necessário, renegociar entregas, prazos e tarefas.

A falta de métricas e indicadores de performance é um desafio com potencial de comprometer a liberação de capital. Afinal, quem investe quer alguma segurança sobre o retorno do seu investimento.

Vale aqui usar sem moderação o contexto externo, valendo-se de exemplos de outros negócios ou comportamentos de pessoas que justificam esse movimento da empresa e o capital investido.

As métricas e os indicadores devem ser construídos ao longo dos projetos, como examinamos anteriormente, sendo um grande sinalizador de que a organização está avançando com uma nova mentalidade, criando valor e colhendo novos aprendizados. Um excelente livro sobre esse conceito é *A estratégia do oceano azul* (Editora Sextante, 2019), de W. Chan Kim e Renée Mauborgne.

Existem modelos de pesquisa e mensuração de dados bastante ágeis que podem ser adotados, fornecendo indicadores quantitativos e qualitativos de que o projeto está gerando bons resultados ou, caso contrário, que aprendizados estão sendo capturados e o projeto sendo corrigido.

Metodologias

Nas últimas décadas, aprendemos e utilizamos metodologias que primavam pelo controle absoluto das tarefas e redução de falhas e riscos. Metodologias essas que fizeram sentido num pensamento de "linha de produção" em que, para iniciar a tarefa B, precisava completar a tarefa A, e assim por diante.

A metodologia que ilustra melhor essa fase é a de cascata (*waterfall model*), criada por Winston W. Royce na década de 1970 e amplamente adotada pelas empresas nas décadas de 1980, 1990 e 2000. Nela, um projeto era iniciado apenas após consolidados e aprovados todos os requerimentos, vindo então a fase do design que, após completa, disparava as etapas de implementação, verificação e manutenção.

Lembro de ter gerenciado centenas de projetos dessa maneira. Existia uma tensão muito grande no início, já que a fase de requerimentos era longa, complexa e detalhada, pois dela seriam definidos o tempo e o investimento no projeto. Buscávamos em vão antecipar todo e qualquer risco possível durante o processo e após o lançamento do produto.

Ainda assim, em um ambiente mais previsível de negócios, essa metodologia fazia sentido, mas imagine, nos dias atuais, assinar um documento detalhado de requerimentos de dezenas ou centenas de páginas indicando cada detalhe e passo para o desenvolvimento de algum produto ou serviço. Muito provavelmente, entre o início e a conclusão da elaboração dessa documentação, o contexto já foi alterado. Processos rígidos com um mundo líquido não têm mais sintonia.

Em resposta a esse desafio, foi criado em 2001 o Manifesto Ágil, que define os princípios das metodologias usadas atualmente, norteadas por quatro valores-chave:

- i **Comunicação** as interações entre pessoas devem prevalecer sobre os processos e ferramentas;
- i **Praticidade** software de gestão em funcionamento importa mais do que documentação detalhada;
- i **Colaboração** é incentivada entre membros da iniciativa;
- i **Flexibilidade** permite responder às mudanças inesperadas que podem acontecer no curso do projeto.

Na metodologia ágil, a falha será parte do processo de teste e interação contínua com o consumidor ou usuário. Os riscos e falhas são levantados ao longo do processo de desenvolvimento, através de interações reais entre eles.

Ajustes são feitos e resultados menores, mas progressivos, são apurados ao longo do processo, e após alguns ciclos o lançamento é feito com muito mais tranquilidade.

Essas metodologias apresentam várias vantagens em relação aos modelos tradicionais em um mundo de negócios em constante evolução e cada dia mais digitalizado. A figura a seguir compara metodologias tradicionais e ágeis.

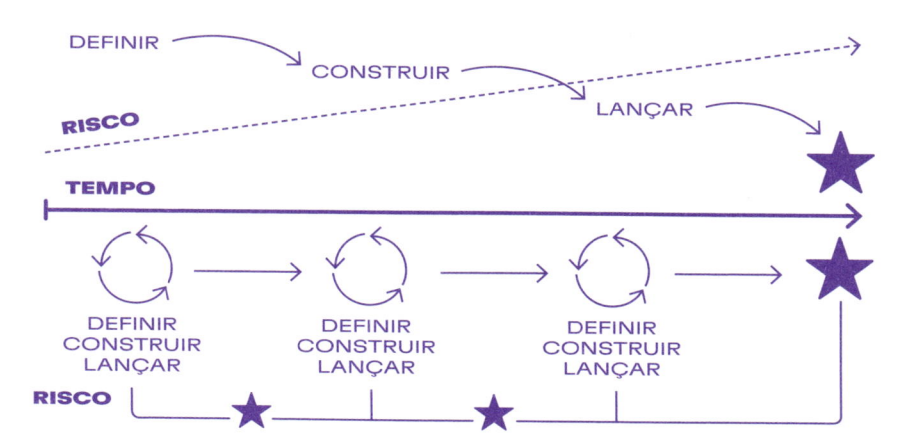

Repare que na metodologia tradicional as fases são sequenciais e, na busca da perfeição, o lançamento do produto (representado pela estrela) será a primeira interação com clientes ou usuários, concentrando o risco de dar certo ou não. Pré-testes até podem ser feitos, mas com pequenas amostras e em ambientes controlados e não reais.

Existe muita curiosidade sobre o porquê das metodologias ágeis funcionarem tão bem, sendo cada vez mais adotadas. Note que existe um conceito básico por trás de qualquer uma delas: colaboração e ausência de hierarquia. Nelas, a relação entre as pessoas se equilibra, eliminando-se a relação de comando/controle. Existirá um objetivo nítido, uma equipe alinhada com papéis definidos e um tempo determinado para o cumprimento das tarefas. Logo, sem a colaboração real e a junção de habilidades complementares, as iniciativas não avançam.

Entre as novas metodologias, destaco o *design thinking*, que nos ajuda a entender e construir um olhar empático sobre os problemas ou desafios das pessoas, o *lean*, que prega a prototipação de soluções com um olhar sempre de simplicidade e usabilidade, e o *agile*, com seus *sprints*, colaborações e inspeções de cada entrega parcial, retroalimentando todo o projeto.

Agora, a partir dessa análise na evolução das metodologias disponíveis, vale a pena fazer uma reflexão sobre o que acontece dentro das empresas.

Acho importante diferenciar empresas nascidas antes e depois dos anos 2000, bem como empresas nacionais de multinacionais e seus respectivos tamanhos.

O ano de nascimento da empresa faz sentido, afinal, ela foi estabelecida sob qual pensamento metodológico: controlado ou ágil? Nascer após o manifesto ágil já trouxe uma vantagem operacional evidente.

Como examinamos anteriormente, as empresas nacionais e multinacionais têm dinâmicas e desenhos organizacionais geralmente diferentes. Enquanto as multinacionais precisam estabelecer processos, regras e governança mais rígidos, como forma de uniformizar processos e maneiras de atuação em diversas culturas ao redor do mundo, as nacionais têm maior flexibilidade para se adaptar.

Quanto maior a empresa e sua distribuição geográfica, maior serão seus controles e seus processos, mais rígidos. E antes que você ache isso negativo, reflita: a Coca-Cola, o Big Mac ou o KitKat que você consome são iguais ou diferentes no Brasil, nos Estados Unidos, na Europa ou na Ásia? Sem essa padronização, seria um desafio logístico, de marca, de custos etc.

Agora, quando pensamos em novos negócios e inovações, as culturas locais têm um grande valor, e será cada vez mais demandado, dessas mesmas empresas, um olhar mais ágil entre as necessidades de seus consumidores e a velocidade dos negócios em atendê-las.

Um ótimo exemplo foi a mudança do nome de algumas lojas do McDonald's no Brasil para Méqui, forma pela qual as pessoas já se referiam à marca.

Você pode estar se questionando sobre o que isso tem a ver com metodologia, sendo que foi uma mudança de marca, certo? Acredite, para essa mudança acontecer na velocidade que ocorreu, diversos processos tiveram que ser revistos, outra linha de aprovações estabelecida e toda uma estrutura organizacional realinhada.

Há alguns anos, esse movimento soaria absurdo, afinal, estaria comprometendo uma marca global intocável. Porém, hoje em dia, esse movimento trouxe um aumento de afinidade, empatia, valor de marca e vendas para a empresa.

Ter habilidade de leitura e adaptação socioeconômica e cultural passou a ser chave para os negócios, e é aqui onde os processos e metodologias precisarão ser ágeis.

Nesse sentido, sou mais favorável a boas práticas e princípios do que metodologias imutáveis e herméticas. Em duas empresas que trabalhei, existiam princípios globais de construção de marcas que eram bastante respeitados, pois comprovadamente forneciam uma linha guia, mas também permitiam a criatividade.

O desafio é criar espaços para questionamentos e atualizações constantes. Não pelo simples fato de discordar, mas sim pelo interesse em evoluir, modernizar, incorporar novas práticas, acelerar e simplificar processos.

Se determinado processo de compras, por exemplo, historicamente sempre funcionou de determinada maneira, mas não atende mais às novas necessidades impostas ao negócio, precisa ser mudado.

Isso soa até óbvio, mas acredite, o desenho organizacional das empresas ainda reflete um modelo de trabalho mais antigo, compartimentado por áreas, com decisões que necessitam ser negociadas e alinhadas, o que toma tempo.

Outro ponto a considerar é a tendência cultural de empresas em observar novas metodologias ou processos a partir de seu ponto de vista histórico e cultural, incorporando algo que tenha sido modificado para se encaixar nos modelos mentais existentes.

Presenciei várias discussões e negociações dentro de empresas que adotavam novas metodologias, mas "tropicalizadas" à sua maneira, corrompendo pontos importantes para serem entendidas e aceitas.

Como consultor, me deparei com o uso de metodologias ágeis aplicadas segundo o entendimento das empresas, em que havia sido feita uma junção entre as metodologias existentes dela com outras de mercado, segundo interpretação da própria empresa.

Nos casos que acompanhei, com o passar do tempo, o resultado foi ruim, afinal, havia uma busca para integrar o que existia com o novo, minimizando qualquer ruptura muitas vezes necessária.

Ter a capacidade e a curiosidade de observar as melhores práticas existentes no mercado atualmente, sem um filtro de julgamento ou tentativa de adaptar à sua realidade corporativa, é um exercício necessário e importante a ser feito.

Mas, e se não funcionar? Teste e abandone. Quando testamos algo, incorporamos novos aprendizados, seja do que fazer ou do que não fazer. Faz parte do "aprender fazendo". Minha pergunta é: e se funcionar?

Fomos acostumados a evitar riscos e adotar metodologias já testadas e comprovadas. Sempre gostei de experimentar, trazer um novo olhar. Gosto de pensar em "e se?" *versus* "quantos já usaram?". Operar num mundo líquido e ágil, sem adotar metodologias que reflitam isso, é no mínimo inconsistente.

Agora, recomendo cautela para evitar ser seduzido por tudo que aparece no mercado. Sempre acesso minha rede de contatos para debater sobre uma nova metodologia ou forma de pensar, buscando outros pontos de vista antes de adotar algo novo.

Novas metodologias tomam tempo e demandam energia de liderança e política para serem incorporadas, logo, não espere resultados imediatos nas primeiras experiências, mas adote uma mentalidade aberta para conhecer e provar para aprender.

"O Facebook costuma testar novos produtos e serviços em, no máximo, 1% de sua base e, se der certo, aí que ele disponibiliza para o restante. A gente precisa aprender que não importa o tamanho da base de clientes que temos, devemos escolher uma quantidade dos que estão mais próximos e testar o que quer."

Marcelo Pacheco,
vice-presidente de vendas e inovação na Warner Media

TER HABILIDADE DE LEITURA E ADAPTAÇÃO SOCIOECONÔMICA E CULTURAL PASSOU A SER CHAVE PARA OS NEGÓCIOS, E É AQUI QUE OS PROCESSOS E AS METODOLOGIAS PRECISARÃO SER ÁGEIS.

CAPÍTULO 4
LIDERAR É PRECISO!

"Liderar" é um verbo que vem sendo ressignificado, e é por essa razão que quero dedicar um capítulo a ele neste livro.

Quando penso sobre ele, de uma forma atual e efetiva, me vem à cabeça o verbo "inspirar", conjugado por pessoas que propõem caminhos, incentivam, desafiam padrões, buscam o extraordinário dentro das pessoas e na sua atividade. Fazem isso sempre com o compromisso de ouvir, extraindo o melhor de suas equipes, as quais estão em constante processo de crescimento e aprendizado.

Quando penso sobre ele em sua expressão mais clássica, me vem a imagem do chefe aliada ao verbo "controlar", usualmente conjugado por aqueles que preferem determinar caminhos, esperam obediência, definem regras, dão soluções ou prescrevem tarefas.

Fazem isso muitas vezes impondo às suas equipes uma forma de pensar e agir, sem deixar espaço suficiente para o diálogo e o questionamento.

Podemos até gravitar entre os verbos "inspirar" e "controlar", mas minhas experiências profissionais como intraempreendedor e consultor indicam que estamos ainda presos ao controle. E isso tem um efeito muito perigoso na condução de pessoas e negócios nos tempos em que vivemos.

No passado, o papel do chefe tinha mais ressonância, afinal, existiam muitas tarefas manuais, baixa tecnologia, escassez de recursos e equipes pouco preparadas.

O chefe possuía mais conhecimento técnico que seus subordinados, sabendo fazer as tarefas de todos. Era como um superprofissional na escala do conhecimento técnico. Aplicava um estilo de liderança rigoroso, exercendo sua função através de comando e controle, determinando o que e por quem deveria ser feito, colocando-se sempre acima de seus colaboradores.

Porém, novos tempos exigem novas habilidades e competências. Como examinamos anteriormente, vivemos em tempos de abundância, com informação e conhecimento disponíveis, então, saber tudo não define mais o bom líder (ainda mais porque isso passou a ser inatingível).

A liderança contemporânea será aquela que *serve*, com o líder tornando-se um facilitador para seus colaboradores, abrindo caminhos e apoiando para que consigam alcançar seu máximo potencial de atuação e desenvolvimento. Esse líder terá uma habilidade importante: a inteligência emocional, uma combinação de empatia e autoconhecimento.

As pessoas esperam apoio e orientação para seu desenvolvimento pessoal e profissional, e o bom líder é mestre nisso. O melhor plano de retenção de talentos acontece em empresas em que os subordinados admiram, confiam e respeitam suas lideranças.

A parte de remuneração é importante também, mas será insuficiente sem os aspectos humanos, que transmitem segurança e geram uma sensação de pertencimento e reconhecimento pela contribuição.

Na figura a seguir, baseada no livro *Excellence by Design*, de John Spence, faço um paralelo entre alguns tipos de liderança, usando uma combinação de inteligência emocional e coeficiente de inteligência.

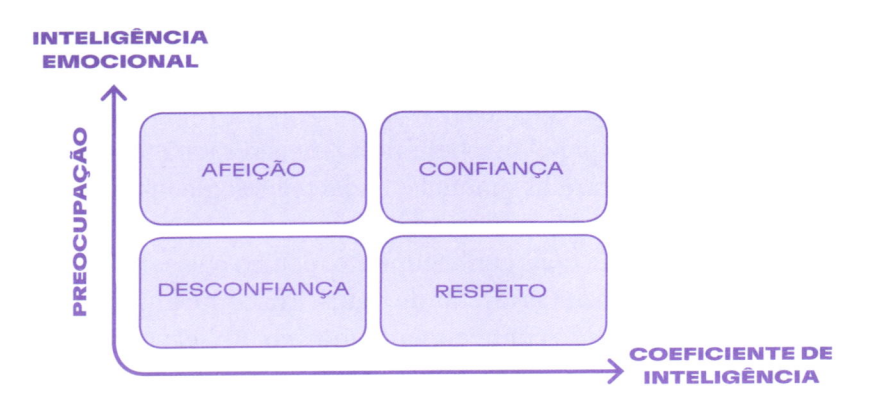

Um líder muito inteligente e competente, mas com baixa preocupação com as pessoas, pode não ser querido, mas será respeitado.

Seu contraponto será aquele líder muito preocupado com seus subordinados, mas incompetente. Esse será aquele líder querido, a que todos se afeiçoam, mas que não consegue mover sua agenda e equipe.

O líder com baixa competência e preocupação com as pessoas é aquele fadado a ser excluído, pois, além de não desempenhar tecnicamente sua função, não consegue se conectar com sua equipe.

O modelo desejado será o líder que combina competência técnica e preocupação com seus subordinados. Essa liderança conquista confiança e respeito entre sua equipe e pares.

Vale fazer uma observação importante quanto à competência técnica também. Se, no passado, o líder era sempre o colaborador tecnicamente superior dentro de uma equipe, dominando o que todos os seus subordinados faziam, com o poder de corrigir e controlar tudo, hoje essa lógica caducou.

É muito comum em empresas da nova economia ou de gestão mais participativa ter a equipe num patamar tecnicamente superior ao seu líder, que aporta inteligência emocional e conexões estratégicas e de negócios, algo que seus subordinados não conseguem fazer.

Bons líderes tendem a recrutar pessoas tecnicamente melhores que eles, como uma forma de automotivação e de expansão de conhecimento e diversidade.

"Eu tenho o hábito de contratar pessoas melhores que eu. Acredito que na hora que você tem a capacidade de saber os seus defeitos e contratar talentos que te complementam, valorizando isso nessas pessoas, você muda o jogo."

Maria Laura Nicotero,
CEO da Momentum Worldwilde Brasil

Se formar uma equipe altamente competente era uma ameaça ao poder do chefe, agora é algo bastante desejado, afinal, profissionais de alta performance gostam e sentem-se motivados trabalhando com o mesmo perfil, não o contrário.

Repare, portanto, que houve uma transformação grande nas habilidades e competências de um bom líder, bem como na formação de equipes, e isso tem um impacto direto na evolução cultural das empresas.

Como a questão da diversidade está em pauta nos últimos anos e temos um bom caminho a percorrer, vale ressaltar que equipes multiculturais diversificadas tendem a ser um melhor espelho do mundo como ele se apresenta.

Do líder, era esperado um comportamento com características como força, confiança inabalável, poder e controle. Já as novas habilidades e competências convidam as lideranças a acolher habilidades diferentes, como a escuta ativa, o aconselhamento e a colaboração.

Nunca foi tão importante investir em autoconhecimento, que nos convida a nos despir de crenças paralisantes e entender como somos percebidos por nossas equipes, pares, lideranças, família e amigos. Sempre pergunto nos processos de recrutamento como o melhor amigo ou amiga da pessoa que estou entrevistando a descreveria em um ou dois adjetivos.

Você saberia responder como os outros o definem? Quer saber? Usamos nossas redes sociais para tantas coisas que acabamos tendo nelas um misto de família, amigos próximos ou distantes e conhecidos. Você tem à sua disposição nas redes sociais uma diversidade de pessoas que te conhecem em algum nível, então pergunte como as pessoas te definiriam em apenas um adjetivo. Teste!

O bom líder sabe escutar e aprender sem julgar. Busca compreender e refletir antes de se justificar. Tem postura ativa e toma decisões, mas colabora e agrega às pessoas em seu entorno.

Isso pode até soar romântico e pouco realista, mas não é, acredite. Em um mundo onde não temos ou não sabemos mais todas as respostas, demonstrar vulnerabilidade e a capacidade de dizer "eu não sei", aprendendo com os outros, será cada vez mais importante e valorizado.

Intraempreender exige coragem e aceitação do risco, demandando lideranças que criem ambientes seguros e de aprendizado.

"A principal habilidade de liderança é a capacidade de saber entender, conviver e trocar ideias em um mundo muito diferente, com pessoas muito diferentes, que não pensam igual a você."

Aldo Bergamasco,
consultor de bens de consumo e educação na Spencer Stuart

INTRAEMPREENDER EXIGE CORAGEM E ACEITAÇÃO DO RISCO, DEMANDANDO LIDERANÇAS QUE CRIEM AMBIENTES SEGUROS E DE APRENDIZADO.

CAPÍTULO 5
GESTÃO E TAMANHO DE PROJETOS

MEU 6º APRENDIZADO

Nenhuma iniciativa de intraempreendedorismo avança se não existir uma aliança entre "a velha e a nova guarda" dentro da empresa. Os donos do passado trouxeram a empresa até aqui e sempre serão vistos como o lastro seguro do negócio. Acredite, lutar contra esse fato é desgastante e pouco produtivo.

Melhor colocar seu foco em construir pontes e fazer travessias entre passado, presente e futuro. Agora, conduzir a velha guarda numa jornada de evolução será um dos grandes desafios do intraempreendedor. A inovação e a transformação digital trouxeram um senso de urgência e de sobrevivência às organizações, esticando ainda mais a tensão entre o estabelecido e o desconhecido.

Outro grupo que merece atenção na gestão de projetos são seus pares dentro da empresa, especialmente se você estiver no meio dela, ocupando uma posição de gestão média ou alta, entre a base da pirâmide organizacional e abaixo do *board* de diretores.

Nesse grupo, já existe uma disputa natural por atenção, poder e recursos, enquanto há um equilíbrio de poder, logo, formar alianças será essencial para o andamento de qualquer iniciativa.

Processos clássicos de inovação controlados em etapas, como examinamos anteriormente, diminuem o ritmo e dificultam o intraempreendedorismo no ambiente corporativo.

Avançar para a próxima etapa demanda sempre diversas reuniões e alinhamentos, que requerem a preparação de vários relatórios e apresentações, além do cumprimento de processos que serão avaliados por algum comitê decisório.

Em um mundo mais previsível isso funcionava, afinal, provia uma sensação de conforto a todos os níveis hierárquicos e ajudava muito no gerenciamento de riscos. Hoje essa dinâmica já se mostra lenta e ineficiente, pois requer tempo e energia das equipes e da empresa, o que alonga os ciclos de inovação além do necessário, convertendo-se numa desvantagem competitiva.

Como forma de acessar uma nova cultura e forma de pensamento, algumas empresas passaram a convidar start-ups a aproximar-se de seus negócios. Algumas empresas aproximam-se até fisicamente, recebendo a start-up dentro de seus escritórios, o que acho perigoso, afinal, o convidado (start-up) precisará compreender as regras da casa do anfitrião (empresa), e nesse fluxo terá que reduzir sua velocidade e agressividade de mercado. O ideal é que a empresa aprenda a operar na velocidade dos seus convidados, e os intraempreendedores devem ser os mediadores dessa dinâmica.

Uma boa estratégia é identificar e empoderar um grupo de intraempreendedores, criando outra ou outras empresas independentes, fora dos muros organizacionais.

O Banco Santander fez isso, identificando colaboradores com potencial, mas que enredados nos processos do banco não conseguiam avançar com agilidade. O *board* deu a essas pessoas a oportunidade de abrirem *fintechs*, provendo recursos e capital. Com independência de gestão, metodologias e recursos, essas *fintechs* têm um objetivo principal: criar produtos e serviços para concorrer com o próprio Santander, ou seja, o banco passa a alimentar um sistema paralelo e independente, que o ajudará a evoluir. Genial!

E note que o conceito *independente* é importante. Não existe a possibilidade de um executivo sênior do banco gerenciar essas *fintechs*, pois seria um grande erro e desperdício de se provar um modelo ágil na sua essência.

A Ambev fez algo parecido, criando uma estrutura e empresa totalmente separada para desenvolver algumas cervejas artesanais. Dentro da empresa, esta seria pequena e, provavelmente, teria pouca atenção e tração, pois estaria toda hora competindo com o grande negócio de faturamento. Desenvolver fora com outra equipe e independência financeira e de gestão foi fundamental para o sucesso.

Porém, também tenho convicção de que outras iniciativas também não vingaram e tudo bem. Ninguém propõe ou se dispõe a embarcar em canoa furada. O fato é que algumas iniciativas são inicialmente difíceis de explicar ou mensurar.

Um excelente exemplo é lembrar que o que conhecemos hoje como o post-it da 3M foi apresentado como "pedaços de papel reposicionáveis". Você teria aprovado ou apoiado naquela época?

Outro ponto que merece reflexão e implica diretamente na gestão de projetos de empreendedorismo é o desenho organizacional, formatado em departamentos isolados e quase independentes, estruturando um conjunto de caixas herméticas e quase impenetráveis.

Essa maneira de organização, na qual grupos de pessoas têm suas funções cunhadas em papéis e atribuições imutáveis, é danosa ao intraempreendedorismo. Reflita comigo: nesse formato fechado, prevalece o trabalho individual em detrimento do coletivo. Prevalecem o excesso de zelo e o cuidado em não ultrapassar barreiras de responsabilidades. Na dúvida se determinada tarefa ou atribuição é da área x ou y, nenhuma das duas a executa.

Esse processo de atribuições fechado demanda tempo, disposição e energia, que dificultam a fluidez de qualquer iniciativa que impacte em mais de uma área. Como resultado, há baixa colaboração e muros são erguidos, dificultando a atividade intraempreendedora.

Acredito cada dia menos nas funções clássicas geradoras desses silos, e cada vez mais em funções baseadas em objetivos, que têm o cliente no centro e responsabilidades mais abrangentes.

Um dos grandes desafios dos CEOs é de como devem estruturar, ou melhor, reestruturar suas empresas, para adequar-se às novas demandas do mercado e seguir atraindo os melhores profissionais.

Alguns exemplos de papéis novos que poderiam eventualmente substituir funções clássicas seriam os de diretor da experiência do consumidor e diretor de crescimento. Novas funções, como essas, demandariam um conjunto de habilidades multidisciplinares e um trabalho essencialmente colaborativo, distante dos silos.

Tive o privilégio de trabalhar em empresas de serviços e bens de consumo, e sei que existe uma diferença grande entre os dois modelos. Comparadas com empresas de consumo, as de serviços (e acredito que as de varejo também) são mais ágeis e apresentam maior facilidade em adotar novas práticas e ideias. A razão é simples: se determinado serviço não atende às necessidades, é lento, falho ou ruim, imediatamente ele é cancelado. Já nas empresas de bens de consumo, a curva de substituição por insatisfação é bem mais lenta e longa.

A jornada de um intraempreendedor não será linear ou constante, logo, planejamento é necessário, mas sem apego, afinal, haverá desvios de rota.

Essas dinâmicas em constante mutação demandam sólidas habilidades de gestão de projetos e equipes, porém não confunda isso com absoluta previsibilidade e controle: sempre deixe espaço para correções de rota, para que assim as metodologias ágeis de gestão apresentem melhor encaixe com o intraempreendedorismo.

As peças estarão em movimento a todo instante (vide analogia do fliperama *versus* boliche no capítulo 1). Surgirão novas variáveis e desafios a serem considerados. Alguém poderia prever as consequências da pandemia de coronavírus em 2020? Como se preparar para algo dessas proporções ou imprevisibilidade? Certamente existiam protocolos de pandemias, mas hipotéticos até então.

E se esse coeficiente de imprevisibilidade ainda parece uma loucura para você, não se preocupe. Desfrute dessa nova dinâmica, na qual a boa notícia é que os expostos a esse ambiente volátil terão aprendizados e crescimento exponencial, aprimorando muito as suas habilidades e comportamentos de liderança.

Agora vamos examinar as implicações do tempo para a execução de um projeto, já que, para aprová-lo, você precisará prover alguma estimativa.

Enquanto numa start-up sua velocidade e agilidade são determinadas por um conjunto de fatores, como atração de investimento e estrutura, nas empresas já estabelecidas teremos estrutura, processos e hierarquia funcionando como um desacelerador em qualquer iniciativa.

Não existe melhor ou pior, mas é injusto comparar uma start-up em crescimento, com poucas pessoas, com uma empresa já estabelecida, que segue buscando crescimento, mas que também precisa manter o que já conquistou. Existe uma fixação em operar como uma start-up, mas lembre que, para fazer isso, precisa ter porte, processos, estrutura e mentalidade de uma.

Numa empresa estruturada, o intraempreendedor tem pela frente um ambiente bem mais organizado, com procedimentos e hierarquias já estabelecidas. Assim, sua velocidade será compatível com a energia dispendida para movimentar esse sistema que o envolve, numa relação de dependência.

Com o tempo, cada vez mais empresas têm entendido que, para fomentar mais iniciativas de intraempreendedorismo, precisam criar ambientes independentes e autossuficientes, como Santander, Ambev, Nestlé, Vivo e outros têm feito.

O objetivo dessas iniciativas será o de explorar novos negócios, testando novas metodologias, tecnologias e processos de forma mais ágil, numa tentativa de pavimentar novos modelos a serem aprendidos e, posteriormente, incorporados pela empresa em sua totalidade.

Case Nestlé culinários

Assumi um papel de liderança com a missão de ajudar a Nestlé Brasil a fazer sua transformação digital. Um desafio tão sedutor quanto difícil, dado seu porte e ambição. Ao chegar, me deparei com uma visão e plano de trabalho ainda em construção, com muitas dúvidas e resistência cultural.

Existia um mandato global e um desejo da liderança do Brasil em avançar, por isso fui contratado, mas cultura não se move por desejo ou mandato, especialmente numa empresa desse porte.

Existia uma necessidade evidente de alinhar as dezessete unidades de negócios, bem como suas lideranças, enquanto desenhava um mapa estratégico de ações. Tinha uma equipe reduzida e muita ambição represada, ou seja, pressão por resultados a curto prazo.

Nos primeiros meses, me vi perdido em incontáveis e intermináveis reuniões para alinhamento de ações, que muitas vezes resultavam até no congelamento de projetos, afinal, não conseguia atender a todos na velocidade que gostaria. Ficou bastante evidente a cultura hierárquica e o receio das pessoas em mover-se com alguém assegurando suas iniciativas.

Existia a ambição, mas também o receio de investir e apoiar algo ainda desconhecido. Avançar em bloco, portanto, não seria a melhor opção. Mudei de estratégia e fui conversar com todos os gestores das unidades de negócios, buscando identificar suas principais dores e desafios de negócio.

Minha intenção era encontrar até três desafios de negócio que gerassem impacto e que, se superados de uma maneira não tradicional, trariam a confiança que precisava para contagiar o restante da empresa.

Encontrei um cenário perfeito na unidade de culinários, em que a marca perdia afinidade com seus consumidores e não era reconhecida pelos mais recentes. Isso tudo num contexto teoricamente favorável, pois as pessoas estavam cozinhando mais em casa por uma combinação de fatores socioeconômicos. O modelo de comunicação e negócios vinha sendo repetido à exaustão, mas sem mais sucesso. A marca vinha há anos sem crescimento.

Como terceira maior marca do mercado, seria inviável tentar uma abordagem grandiosa. Não havia investimento, enquanto a marca líder seguia com um grande investimento em mídia de massa. Era preciso ter uma abordagem desafiante, pensar diferente, olhar o problema com outro olhar.

Lembro da minha conversa com a gestora da unidade de negócios como se fosse hoje. Ouvindo seu desafio e suas frustrações com as soluções recebidas até então, propus abrirmos uma concorrência, na qual convidaríamos agências com um olhar questionador e as desafiaríamos a apresentar uma plataforma que levasse a marca para a mesa da cozinha, participando da conversa das pessoas.

Dois aspectos eram importantes para essa iniciativa: a limitação de investimento e a necessidade de falar com mulheres mais jovens. Tinha nas mãos o desafio de que precisava para provar que as mídias digitais, se bem aplicadas, poderiam entregar muitos resultados.

No final da conversa, fui indagado: "Mas e se eu investir tudo em algo que ainda desconheço e não der certo?". Minha resposta foi: "E se funcionar? O que você tem a perder? Já esgotou vários caminhos, cada mês tem mais pressão e os números não reagem. Na pior das hipóteses iremos ouvir outros estímulos, ideias e caminhos. Mas preciso de outro compromisso seu: vamos investir toda a verba se gostarmos da solução".

Alinhamento feito tanto no desafio quanto nas responsabilidades e riscos envolvidos. O fato de não ser uma marca prioritária da empresa era também favorável, afinal, poderíamos nos mover com maior agilidade e menor número de aprovações.

O resultado dessa abordagem não convencional se transformou em uma iniciativa chamada #BoraCozinharJunto, que alcançou mais de 20 milhões de visualizações no YouTube e um aumento de percepção de marca que não era visto há 9 anos.

Acesse este QR Code para assistir ao vídeo-manifesto criado para essa iniciativa e veiculado apenas no YouTube.

Lembro que, na época, essa iniciativa virou referência de agilidade e entendimento das necessidades das pessoas pela marca líder, que há muitos anos tentava fazer algo diferente, mas pelo receio de arriscar ou permanecer enredada numa teia de discussões, processos e aprovações, seguia repetindo as fórmulas bem-sucedidas do passado.

Nunca acreditei em soluções mágicas ou milagres, mas sempre fui favorável a avaliar possibilidades, ainda que pouco convencionais.

Quantas vezes nos declaramos inovadores ou criativos, quando na verdade estamos apenas reeditando modelos ou fórmulas que sempre funcionaram?

Um princípio que sempre adotei e recomendo é: faça um exercício de como você faria o mesmo projeto com a metade dos recursos de que precisa. Acredito que sua primeira reação será julgar como impossível, mas, acredite: existem várias empresas com menos recursos que você fazendo muito mais. A escassez é a maior amiga da criatividade e da colaboração.

"Muitas vezes você tem pessoas brilhantes, mas que não têm a capacidade ou a vontade de operar em colaboração com outros departamentos. Normalmente eles brigam com os outros, apontando seus erros e defeitos, e você vai depender dessa equipe para ter sucesso, assim, se eles falham, você falha também."

Marcos Angelini,
presidente da Red Bull na América Latina

NUNCA ACREDITEI EM SOLUÇÕES MÁGICAS OU MILAGRES, MAS SEMPRE FUI FAVORÁVEL A AVALIAR POSSIBILIDADES, AINDA QUE POUCO CONVENCIONAIS.

CAPÍTULO 6
EXERCITANDO O (DES)APEGO

A palavra "apego", apesar de não aparecer em manuais corporativos ou mesmo pertencer ao jargão empresarial, se manifesta com bastante frequência, e por isso dedico este capítulo a ela.

É comum manifestarmos sentimentos de apreço, amor ou orgulho pelas nossas ideias ou iniciativas, mesmo que elas não se concretizem ou alcancem os resultados desejados.

Em situações desfavoráveis, esse apego acaba nos levando a buscar algum ângulo favorável, mesmo que pequeno, para poder apresentar nossa ideia de forma positiva, a fim de não correr o risco de ter nossa reputação ou competência questionadas.

84

Quantas vezes não percebemos que algo não vai bem e que alguma mudança de rota precisa ser feita, mas o apego aos processos, às estruturas ou, especialmente, à nossa autopreservação, nos detém. Assim, passamos boa parte do tempo tentando corrigir erros e desvios que sinalizam uma parada necessária para reavaliação ou mesmo interrupção de uma iniciativa.

Desapegar é importante, pois somente assim podemos observar as iniciativas de fora para dentro, com um olhar pragmático, e não emocional. A paixão excessiva por alguma ideia parece que desliga parte do nosso cérebro racional e nos faz insistir, quando deveríamos parar e reavaliar.

Note que confiança é diferente de paixão. É importante ter confiança em suas crenças, o que gera entusiasmo, mas paixão excessiva muitas vezes cega.

Outra forma de desapego importante se manifesta quando conseguimos reconhecer que a ideia ou contribuição de outra pessoa é melhor do que a nossa.

Certa vez, num almoço com outros colegas, estávamos debatendo meios para solucionar um desafio de marca, quando surgiu uma ideia muito boa, mas seguida de um aviso: "Não se esqueçam! Essa ideia foi minha. Ninguém pode usar, viu?".

Muito provavelmente você já passou por alguma situação semelhante, então vou aproveitar para comentar o que respondi a essa pessoa: "Ótima a sua colaboração, mas cuidado para não se apaixonar por sua própria ideia, que após declarada pertence ao mundo. Ter ideias é livre e grátis. O desafio é realizá-las. Certamente dezenas ou centenas de pessoas tiveram ideias parecidas ou iguais ao que se converteu na Uber ou no Airbnb, por exemplo, mas ambas as empresas pertencem a quem realizou, e não a essas tantas que idealizaram".

No capítulo 4, examinamos as novas habilidades da liderança. Ali, destaquei a importância da adoção de alguns valores, como a escuta ativa, o aconselhamento e a colaboração.

É tão difícil quanto importante aprender a saber dizer "parei", "não sei se devo continuar", ou mesmo "preciso de ajuda". Se para alguns isso pode ser sinônimo de fraqueza e insegurança, para mim são grande sinais de liderança e colaboração.

Em minha experiência profissional mais recente precisei renomear a área que liderava, pois havia sobreposição e confusão com outra na empresa. No passado, criaria um nome, apresentaria à minha liderança, aprovaria e comunicaria à equipe. Tinha um nome que gostava muito, mas decidi envolver toda a minha equipe e lancei um desafio ao grupo para que todos criassem e apresentassem duas opções de nomes em dois dias. Como estávamos separados em países diferentes, nos conectamos por vídeo para termos uma sensação concreta de idealização e criação conjuntas.

A equipe esperava que eu declarasse minhas ideias de nomes primeiro, mas os surpreendi dizendo que preferia primeiro ouvir as de todos, e seria o último a falar.

Ao longo das apresentações, era possível ver uma equipe colaborando e interagindo, cocriando seu novo espaço. Ainda estava convencido e apaixonado pela minha ideia, até que ouvi outra de que gostei ainda mais. No final da rodada, disse que as ideias da equipe foram tão boas que preferia seguir apenas com elas, sem dizer as minhas. Começamos a debater uma a uma e a votar.

Mantive o cuidado de sempre escutar e votar por último, atuando como um facilitador para que o grupo alcançasse um consenso que excitasse a todos.

Conseguimos! O nome pouco importa, mas a sensação de desapegar das minhas ideias em favor de outra que trouxe mais energia ao grupo foi incrível.

Lembro-me da reação instintiva da minha liderança quando comentei o nome sobre o qual havíamos decidido e o processo que usei. Você deve se indagar: "Mas você não falou suas ideias? Eu não teria aguentado". O aprendizado aqui está na combinação do desapego com o exercício do modelo de liderança em que acredito. Se eu tivesse declarado minhas ideias primeiro, provavelmente outras pessoas as teriam defendido em detrimento das demais por saber que eram minhas. Em uma empresa hierárquica, como a em que estava, isso seria bastante normal.

Como líder, eu não precisava ter a melhor ideia, mas chegar até ela, não importando de quem viesse. Esse exemplo foi bastante marcante, porque toda a equipe adotou o nome como se fosse seu, e segue assim até hoje, mesmo após eu ter saído da empresa.

"Quando você pergunta para uma pessoa o que está errado, ela reclama sem parar, e quando você pergunta sobre o que é o certo, ela vai para um lugar ideal. Agora, quando você pede para essa pessoa criar com você uma solução, ela vai para um lugar novo, porém não idealizado. Se a gente convida outras áreas para fazer parte do projeto, além de aprender com o processo, eles aprendem a trabalhar em conjunto."

Carol Romano,
cofundadora da Maker Brands, The Mind Factor
e idealizadora da Jornada da Felicidade

Não precisamos saber todas as respostas, e o desapego de ideias e convicções é parte dessa jornada. Quem tem a pretensão de saber tudo já começou com o pé errado. Vivemos em tempos em que a autossuficiência significa estar deixando algum ponto de vista ou consideração de fora.

O bom intraempreendedor será aquele que conseguir captar o melhor de sua rede de colaboração, reconhecendo e ativando diferentes pontos de vista nas pessoas que o cercam.

Crença e convicção naquilo que faz são essenciais, mas sempre exercitando o desapego quando perceber que suas ideias ou caminhos se mostram improdutivos ou infrutíferos, tanto os propostos por você quanto por alguém hierarquicamente superior.

E você pode estar se questionando: "Como saber se tenho apego a uma determinada ideia?". A melhor maneira é observar a força contrária, ou seja, o que é dito em resposta ao que você declara. Mas faça isso de forma pragmática e sem emoção. Por vezes, pedimos opiniões apenas para as pessoas que tendem a concordar conosco, ou ficamos magoados se alguém critica aquilo que idealizamos.

Novas iniciativas geram desconforto e opositores, como já examinamos anteriormente, mas você perceberá a diferença entre desconforto e apego.

Na dúvida, converse com pessoas de sua confiança para checar. Outra maneira de perceber se você está apegado a algo é quando mesmo seus melhores aliados começam a ser uma barreira, não apoiando suas iniciativas.

"Se você é um empreendedor e está liderando, você errou bastante. Isso tem que ficar muito nítido, porque as pessoas não gostam de falar das suas fragilidades, mas é impossível chegar a algum lugar sem ter tido dificuldades e erros."

Maria Laura Nicotero,
CEO da Momentum Worldwilde Brasil

O BOM INTRAEMPREENDEDOR SERÁ AQUELE QUE CONSEGUIR CAPTAR O MELHOR DE SUA REDE DE COLABORAÇÃO, RECONHECENDO E ATIVANDO DIFERENTES PONTOS DE VISTA NAS PESSOAS QUE O CERCAM.

CAPÍTULO 7
COMO LIDAR COM OS ANTICORPOS?

Na ciência, os anticorpos são proteínas que atuam no sistema imunológico como defensores do organismo vivo contra bactérias, vírus e outros corpos estranhos. Eles têm como função primária atacar qualquer ameaça que possa causar desequilíbrio em nosso corpo. Nunca agindo sozinhos, mas em grupo, eles identificam a ameaça e passam a combatê-la sem descanso, até que ela seja eliminada.

As organizações também operam como organismos vivos e pulsantes.

Assim como em nosso sistema imunológico, esse contingente de anticorpos tem dados históricos de aprendizado como fundamento para sua decisão sobre o que é ou não nocivo. Intolerantes a riscos, em caso de dúvida, eles atacam, sempre buscando a preservação do *status* do sistema.

Um habitante estranho que entrar desavisadamente nesse sistema com propostas diferentes do que é conhecido e reconhecido se tornará imediatamente uma ameaça a ser combatida. Usando a analogia científica, ele seria um antígeno.

89

"Um intraempreendedor é como uma bactéria dentro de um organismo vivo. Ele entra e todo o sistema de defesa se mobiliza para matá-lo. Essa é a realidade, porque o intraempreendedor incomoda o *status quo*."

Marcelo Pacheco,
vice-presidente de vendas e inovação na Warner Media

Reflexão #1: os anticorpos estão errados em combater os antígenos?

Em nosso organismo a resposta é sim, afinal, existe uma ameaça real à nossa saúde. Porém, nas empresas, essa eventual ameaça pode ser uma oportunidade disfarçada de perigo.

Somos educados e treinados para respeitar processos e hierarquias, logo, potenciais riscos ao *status quo* são prontamente identificados, reportados e combatidos. Isso acontece em nossa vida de uma forma geral.

Repare sua reação instintiva ao ver qualquer situação fora do padrão, como uma pessoa indo trabalhar de bermuda em um banco, uma pessoa vestida de palhaço entrando num elevador com você ou uma criança vestindo terno e gravata.

Qualquer dessas situações vai disparar alguma reação mental de desconforto em você. Desconforto esse que terá diferentes graus, desde apenas chamar sua atenção até provocar alguma reação.

Vindo de uma cultura informal (Diageo), fui trabalhar numa cultura mais sóbria e formal (Nestlé). Por ter o desafio de trazer uma cultura mais ágil e digital, mantive minha forma de vestir e agir. Nas primeiras semanas me sentia um ser estranho, pois numa empresa de 3.000 pessoas, somente eu usava jeans e tênis.

Sentia o desconforto das pessoas, com algumas desejando se vestir como eu e outras me julgando e comentando com outras, na tentativa de gerar alguma mobilização que me convencesse a entrar no padrão da empresa.

Minha escolha foi seguir conectado às minhas crenças, sem ceder aos demais. O momento mais interessante se deu 1 ano depois, quando a empresa liberou o jeans oficialmente. Deixei de ser o rebelde.

Algumas pessoas vieram me cumprimentar por ter sido um pioneiro. Exemplo bobo, mas que diz muito sobre cultura e como anticorpos se manifestam nas menores coisas.

Nosso instinto de preservação tende, na grande maioria dos casos, a nos afastar ou eliminar qualquer ameaça potencial. Podemos fugir, congelar ou partir para cima. Não importa, já que, mesmo quando tomamos a atitude de fugir, tomamos alguma distância, replanejamos e logo encontramos alguma forma de atacar direta ou indiretamente, até que a ameaça seja eliminada.

Repare que não existe algum departamento ou nível hierárquico de anticorpos. Eles estão espalhados por todas as empresas, têm todas as idades ou classes sociais. Muitas vezes, nós mesmos atuamos como anticorpos sem nos darmos conta. Discordar e preservar o *status* e as crenças não é algo geracional, mas sim cultural.

Cabe ao intraempreendedor ter a habilidade de mapear esses anticorpos e estabelecer uma estratégia de como lidar com eles. Note que escrevi *lidar*, e não *lutar*. É papel do intraempreendedor, como portador do novo, entender que irá gerar desconforto, logo, precisará acolher e lidar com os diversos grupos e comportamentos gerados por suas iniciativas.

Reflexão #2:
o valor dos anticorpos

Vale lembrar que os anticorpos corporativos existem para preservar a sobrevivência do organismo. Eles operam como guardiões do passado, do *status quo* e do que funcionou e foi provado funcionar. Assim, lutar por sua extinção, além de inútil, seria equivalente a enfrentar a cultura da empresa. Praticamente um suicídio corporativo, afinal, seria você contra todos.

Lidar com os anticorpos, portanto, será sempre a melhor opção, e existem várias maneiras de fazer isso. Gosto de, no começo de cada nova iniciativa ou projeto, mapear todas as pessoas envolvidas direta ou indiretamente, usando uma metodologia chamada RACI, em que cada letra significa um papel:

R Responsável Será a pessoa responsável pela iniciativa/projeto. O gestor da execução. Caberá a ela as entregas do projeto, sua comunicação ao restante da empresa e a gestão da equipe.

A Aprovador Será a pessoa que acompanha todo o processo, controlando se as etapas foram cumpridas de acordo com o cronograma. Funciona como controle de qualidade e velocidade.

C Consultado Será o colaborador interno ou externo que contribui para o projeto, agregando com sua experiência e conhecimento.

I Informado Será o colaborador que precisa ser informado em determinada etapa do processo, caso sua área ou atividade seja impactada. Lideranças indiretamente ligadas ao projeto podem ser incluídas nesse papel também. O diretor de recursos humanos ou compras, por exemplo, por formar parte do *board* de decisão de uma empresa, mas não ter vínculo direto na execução de determinado projeto, sendo apenas informado dos progressos.

Essa metodologia sempre me ajudou a separar e alinhar papéis e responsabilidades de um projeto. Às vezes, as fases do RACI são um pouco turbulentas, por existir uma disputa natural pelas cadeiras de responsável e aprovador. Podem existir dois ou mais aprovadores e diversos consultados e informados. Em compensação, ter dois ou mais responsáveis é sinal de encrenca à vista. Dividir responsabilidade significa, pela minha experiência, transferir a culpa, já que existirão zonas cinza nas quais fica confuso identificar quem é o responsável. E, como diz o ditado: "Cachorro com dois donos morre de fome".

Lidar com pessoas contrárias às nossas ideias não é agradável. Mas é parte do desafio. Postergar conversas necessárias e que podem impactar no andamento das iniciativas não as elimina, e em muitos casos só alimenta antagonismos e cria barreiras. Melhor sempre mapear potenciais antagonistas e lidar com esses anticorpos na etapa de planejamento, logo no início dos projetos.

A seguir, examinaremos como lidar com diferentes comportamentos com os quais nos deparamos.

"Faço uma gestão compartilhada. Não sou uma pessoa de jogar um jogo sozinha. Alguns não concordam com você, talvez porque o investimento está indo para sua área e não para a deles. Tem de tudo. Mas como tenho esse lado de perguntar para o outro 'vamos fazer isso junto? Como você pode me ajudar a agregar?', acho que facilita a navegar em águas turbulentas."

Maria Laura Nicotero,
CEO da Momentum Worldwilde Brasil

AS ORGANIZAÇÕES TAMBÉM OPERAM COMO ORGANISMOS VIVOS E PULSANTES.

CAPÍTULO 8
OS QUATRO GRANDES COMPORTAMENTOS

MEU 9º APRENDIZADO

Sempre gostei de estudar, buscar padrões e fazer analogias que me ajudassem a aprender com cada iniciativa que liderava.

Com o tempo, passei a perceber algumas reações mais comuns diante das iniciativas de intraempreendedorismo, e comecei a agrupá-las em quatro grandes comportamentos.

Se no princípio eu era pego desprevenido e não sabia como lidar com essas diferentes reações, passar a entender e estudar esses comportamentos me ajudou a aumentar tanto a percepção quanto a consciência sobre motivos de conversas, planos, projetos ou iniciativas acabarem sendo bem ou malsucedidos.

Agora, como qualquer característica humana, pode haver derivações ou outras segmentações desses agrupamentos, afinal, somos seres complexos e agrupar pessoas é sempre um baita desafio. Meu intuito foi entender os comportamentos instintivos mais comuns das pessoas diante de novas ideias ou propostas. Buscava antecipar ações e reações, traçar estratégias e táticas para avançar, acolhendo diferentes pontos de vista.

Esses grupos não atendem a nenhum critério matemático, pois são formados levando em conta uma combinação imponderável de comportamentos manifestados instintivamente pelas pessoas, que também podem exercer qualquer um desses quatro comportamentos em diferentes situações.

É importante não atribuir um comportamento definitivo a uma pessoa, pois a situação proposta é que definirá sua atitude, com base no seu histórico pessoal.

Na figura a seguir, ilustro quais são esses quatro comportamentos que examinaremos adiante:

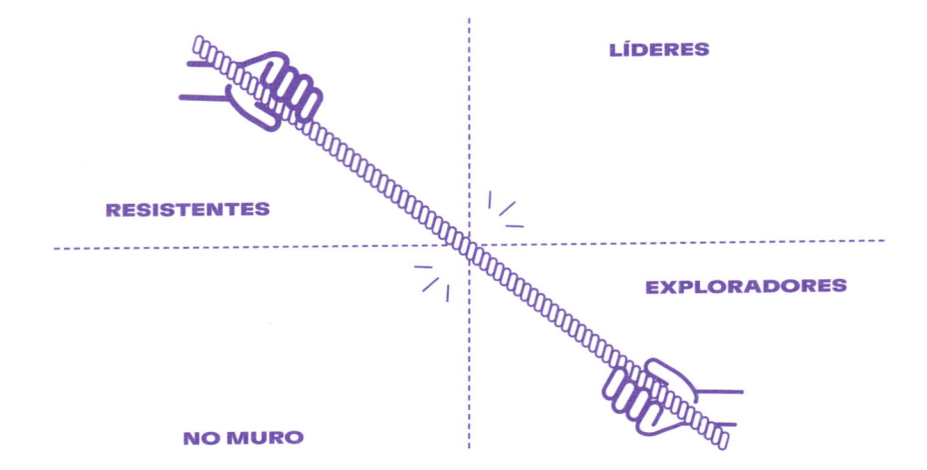

LÍDERES

RESISTENTES

EXPLORADORES

NO MURO

- **i Resistentes** os guardiões do passado. Resistem em mudar algo que sempre funcionou. Representam as origens e a cultura histórica da organização. Avessos ao risco, têm receio de rupturas que possam interromper o fluxo normal dos processos e atividades já estabelecidos. São conservadores por natureza.

- **i Exploradores** inquietos com o *status quo*, estão sempre em busca de novos caminhos e oportunidades de crescimento. Sempre de olho nas tendências, adoram falar sobre novas possibilidades. Têm no passado uma referência de origem. Entendem que assumir riscos é parte de uma jornada de evolução. São abertos ao novo por natureza.

- **i No muro** esse grupo geralmente é o maior dos quatro, sendo representado pelos colaboradores que preferem seguir os processos ou regras, porém atentos aos movimentos da organização. Podem e mudam de posição, alinhando-se às lideranças e políticas da empresa. A falta de uma posição pode ser decorrente do não envolvimento ou até do receio de tomar algum partido. Seu comportamento mais comum é a observação sem uma posição definida. São observadores por natureza.

- **i Líderes** quando pensamos em lideranças, geralmente vem a palavra hierarquia na cabeça, expressa por cargos, comando e controle. Note, porém, que existem aquelas pessoas que, independentemente de classe social, cargo, gênero, idade ou formação, são líderes informais. São agregadores e influenciadores de outras pessoas. Existem também líderes formais com essas características, assim vamos considerar neste grupo as pessoas que têm a capacidade natural de mobilização sem exercer o poder ou peso de sua posição na organização. Colaboradores em algum cargo de comando, se não apresentam os indicadores de liderança citados, serão classificados em algum dos três grupos anteriores. São mobilizadores por natureza.

Agora convido você a fazer uma reflexão sobre suas reações instintivas quando confrontado com alguma ideia ou projeto novo. Se fizessem um convite para irmos de submarino de São Paulo ao Rio de Janeiro, qual seria sua primeira reação?

Reflita e repare que, dependendo da situação e da ideia proposta, você poderá manifestar qualquer um dos quatro comportamentos. Acredite, gravitamos por todos eles, o que não significa que não possamos ter uma característica mais comum ou preponderante por personalidade.

Entender a dinâmica entre esses comportamentos e como motivar cada um deles será essencial para calibrar uma estratégia de intraempreendedorismo.

Imaginemos agora uma organização qualquer. Pode ser a sua, por exemplo. Nela, certamente, haverá um grupo, geralmente pequeno, de exploradores. Inquietos, eles estarão buscando e propondo novas ideias, caminhos e soluções, o que irá gerar algum nível de desconforto, especialmente entre os resistentes. Esse grupo terá uma percepção de que os exploradores estão desperdiçando energia, afinal, a organização chegou aonde chegou pela consistência de suas ações. Manter o *status* e um olhar de precaução é o caminho mais adequado para eles.

Esses dois grupos estarão, portanto, em permanente tensão, e é por isso que usei a analogia do cabo de guerra na figura. Importante ressaltar que tensões não são necessariamente ruins, elas são importantes termômetros de inovação, afinal, não existe inovação sem tensão e ruptura. O novo e diferente sempre vem combinado com o desconforto.

Note também que nenhum dos dois grupos está errado. Você pode até ter mais simpatia com um ou outro, mas ambos são apenas pontos de vista construídos por experiências prévias ou crenças diferentes.

De acordo com o porte da iniciativa proposta, haverá um grau de desconforto que afetará a organização de alguma forma. Assim, mais cedo ou mais tarde esse tema será levado às lideranças formais como um desafio ou impasse a ser resolvido.

Enquanto essa dinâmica se desenrola, a turma que está "no muro" permanecerá observando e comentando o que está acontecendo. Com baixo poder de influência, esse grupo estará atento a como as lideranças se posicionam, para então tomar algum partido ou iniciativa.

As lideranças informais, por sua vez, terão o papel importante de aumentar ou reduzir essas tensões, aliando-se ao grupo de exploradores, resistentes ou dividindo-se entre os dois. Esse grupo servirá como "fiel da balança" e terá papel importante nesse tabuleiro, já que tem poder mobilizador e catalisador.

Mas, então, como agir para ter sucesso apoiando-se nas atitudes desses quatro comportamentos?

Aparentemente, uma nova ideia ou iniciativa precisa apenas de um grupo forte de exploradores, certo? Errado! Os quatro grupos têm um papel importante, acredite. Os resistentes, por exemplo, serão aqueles a questionar e fazer algumas perguntas e considerações importantes, que trarão consistência e maturidade à iniciativa.

A tensão gerada será inevitável, e é aqui que as lideranças formais precisarão intervir e mediar conversas, assegurando que novas iniciativas consigam ser desenvolvidas.

Caberá ao intraempreendedor mapear e antecipar essas tensões, buscando o apoio necessário das lideranças, fortalecendo seu poder de influência, bem como o desenvolvimento da iniciativa.

Ter o grupo de lideranças informais bem mapeado e comunicado é importante, pois ele funciona como instrumento de apoio e validação.

O grupo "no muro" tem papel secundário no início, mas após superadas as tensões, será importante para dar volume, consistência e peso à iniciativa. À medida que esse grupo nota que as lideranças formais passaram a apoiar determinadas iniciativas e que existe uma dinâmica de colaboração entre os demais grupos, ele começa a se unir e apoiar.

Lidar com pessoas foi, é e será sempre um grande desafio, portanto, entender as motivações delas será essencial em qualquer jornada de intraempreendedorismo.

"Quanto mais dividimos informação com as pessoas, contando de maneira nítida o que estamos pensando, convidando que outros se juntem e colaborem, melhor será para todos."

Eduardo Bendzius,
executivo C-Level e consultor

PRECISAMOS COMPARTILHAR MAIS AS NOSSAS FALHAS E APRENDIZADOS, POIS ELAS NOS HUMANIZAM.

CAPÍTULO 9
O LADO i: SENSAÇÕES E MOTIVAÇÕES

Uma jornada de intraempreendedorismo é muitas vezes solitária e sempre desafiadora. Existe o lado A, que popularmente representa nosso comportamento habitual e pelo qual somos mais conhecidos, assim como o lado B, que geralmente está ligado a algum hábito ou comportamento pouco conhecido.

Quando reflito sobre minha jornada e na de outros intraempreendedores, consigo identificar um "lado i", que define uma mentalidade intraempreendedora.

Esse lado é muitas vezes disfarçado e pouco demonstrado, de acordo com as condições que encontramos nas organizações em que atuamos, sendo assim, vou dedicar este capítulo a falar sobre ele.

Preferimos abrir e divulgar nossos sucessos, enquanto os fracassos trazem grandes aprendizados. A atividade intraempreendedora não é linear: existirão sempre altos e baixos.

O "lado i" é um mergulho nas sensações e motivações que essa jornada deixou para mim e para outros intraempreendedores. Ser aberto, autêntico e transparente não significa fraqueza, mas sim uma oferta ou pedido de colaboração.

Muitas vezes escondi "debaixo do tapete" o que sentia, com receio de demonstrar fragilidade, ser interpretado como alguém com picos de ansiedade, com momentos de desânimo, ou mesmo com falta de convicção em horas difíceis.

Ser intraempreendedor é uma combinação constante de excitação e frustração. Essas sensações antagônicas são vividas como em um percurso de montanha-russa, com altos e baixos e diferentes intensidades – e por vezes num mesmo dia.

Declarar ser inquieto, insatisfeito, intenso, inventivo, intuitivo, idealista ou incansável pode ser interpretado como um profissional que causa desconforto por onde passa, quando na verdade caracteriza um conjunto de comportamentos e habilidades vitais para o crescimento de qualquer negócio.

Resiliência e a capacidade de se automotivar são habilidades importantes para um intraempreendedor.

A sensação de frustração é normal. Essa sensação vai aparecer quando você acreditar muito em uma ideia e buscar apoio de outras pessoas para ganhar mais aliados e força, mas não conseguir concretizá-la.

Aprendi ao longo da minha carreira que o intraempreendedor geralmente está a uma velocidade maior que as demais pessoas. Ele tem pressa, está cheio de energia. Porém, a empresa à sua volta segue operando numa velocidade mais baixa, tendo dificuldade de atender aos seus estímulos.

Será importante mapear a velocidade que a empresa e as pessoas que você precisa envolver para sua iniciativa conseguem atingir.

Exemplo: se você está a uma velocidade de 100 km/h, e a empresa está a 40 km/h, você precisa reduzir seu ritmo para 50 ou 60 km/h, no máximo, permitindo que os demais acompanhem seu ritmo, caso contrário, haverá frustração e desgaste. Sair em disparada deixará você isolado, inquieto e frustrado.

"As pessoas não enxergam o que você vê. Você enxerga algo diferente do dia a dia da empresa, e a partir daí o mecanismo de defesa é tentar abater esse maluco que está propondo algo diferente, porque eles não conseguem ver o mesmo que você. Numa analogia com uma escala de 1 a 8, se você está no passo 8, as pessoas estão no 2. O aprendizado é entender esse organismo para entender em que estágio ele está. Se está no 2 ou 3, você terá que guiá-lo nos passos 4, 5, 6 e 7, até chegar no 8."

Marcelo Pacheco,
vice-presidente de vendas e inovação na Warner Media

São sensações negativas? Para muitos podem ser, exceto para o intraempreendedor, que tem espírito de fênix. Conectado com o propósito de sempre fazer a diferença, ele terá a capacidade de encontrar novas energias e dar a volta por cima desses momentos, quase como num passe de mágica.

Obstáculos e muros que vão aparecendo pelo caminho, desacelerando sua jornada, também funcionam como propulsores, pela crença de que resistência na verdade é uma inovação à vista.

Como já examinamos anteriormente, desconforto ou incômodo pode ser visto de forma positiva, como um indicador de que um território novo está sendo desbravado, sendo algo extremamente motivador ao intraempreendedor.

Otimismo e estar aberto a novas possibilidades são habilidades inatas ao intraempreendedor.

Fazendo uma analogia, imagine que você recebe uma missão para atravessar de barco um lago. Instintivamente você tem uma reação positiva, afinal, barco e lago são palavras familiares. Você pode até questionar sobre o tamanho do barco, a profundidade do lago, o tempo que ficaria etc.

Agora, imagine receber a mesma missão de atravessar um lago a nado ou num minissubmarino. Depois de ler aqui essa possibilidade de travessia, você, imediatamente, deparou-se com sensações diferentes. Medo, insegurança, estranheza ou até entusiasmo? Compreensível.

O diferente gera desconforto. Abraçar e reconhecer essas sensações de insegurança, medo e estranheza fazem parte do processo de autoconhecimento do próprio intraempreendedor.

Observe como você se sente frente a novos desafios. Certamente, alguns trazem sensações de desconforto. No meu caso, qualquer situação ligada à altura me deixa muito desconfortável e com medo. Expostos ao desconforto, apresentamos sinais que indicam que algo não está legal. Fazer esse exercício é muito importante para que você consiga entender e empatizar com os outros ao longo das suas iniciativas.

Fique sempre atento aos sinais verbais e não verbais das pessoas. Os verbais são os mais fáceis de identificar. Eles se manifestam em reuniões, discussões ou argumentos. Porém, são os não verbais que exigem treino e prática para identificar, como as posturas corporais ou comportamentos não expressos em público.

Culturalmente, temos dificuldade em confrontar e dar feedbacks e opiniões negativas aos outros. O medo de magoar, contrariar ou ser negativo tem mais força do que o de tentar colaborar e ser mal interpretado.

Nesse jogo não verbal, você vai se deparar com pessoas evitando conversar, postergando reuniões, evitando encontros pelos corredores ou mesmo sumindo. Fique atento a esses sinais. Um elo solto na corrente pode retardar ou mesmo comprometer sua iniciativa.

Sempre fui favorável ao diálogo direto para identificar o desconforto dos outros, mas nem todos são assim. Procure conhecer as pessoas através de seus colegas mais próximos. Entenda seu estilo e suas preferências para tratar conflitos.

Aprendi também a diferença entre flexibilidade e adaptação ao novo. Você pode pensar que ser flexível e adaptar-se a algo novo são equivalentes, e confesso que eu pensava igual, mas aí vai uma reflexão importante e que vai muito, mas muito além de uma questão apenas semântica.

Algo flexível muda de forma temporal de acordo com a necessidade. Quando pensamos em objetos flexíveis, vêm à cabeça o bambu, o elástico ou uma superfície maleável. Note que algo flexível vai e volta para sua forma original.

Algo que se adapta, por outro lado, transforma-se. Bons exemplos vão desde a água, que de acordo com a temperatura vai se transformar em vapor ou gelo, até insetos, animais e plantas, que precisam adaptar-se ao ambiente em que vivem para sobreviver.

O ambiente muda, se adapta (lembra de Charles Darwin, em sua teoria da evolução das espécies?). Note que algo que se adapta vai e pode não voltar ao seu estado ou forma original.

"Não são as espécies mais fortes que sobrevivem, nem as mais inteligentes, e sim as mais suscetíveis a mudanças."

Charles Darwin

CASE EDITORA GLOBO "Um caso interessante foi na Editora Globo, que tem porte médio, com 2.000 funcionários. Ali houve um momento em que em um dos negócios principais, a editoria de beleza, sofreu um impacto de verba publicitária, pois o mercado fez uma migração de investimento do impresso para o digital. Então, para conseguir recuperar essa verba, precisávamos criar propriedades digitais relevantes ligadas ao público feminino. Uma das soluções foi uma propriedade chamada 'Beauty tudo', que consistia em ser um espaço dentro da revista *Marie Claire*, marca que tem muita força junto à mulher contemporânea. A ideia era um *review* de produtos de beleza feito por mulheres que entendem muito sobre o assunto e com a diversidade necessária. O desafio das marcas femininas é ter duas ou três pessoas dentro da editoria de beleza para testar um mundo de opções de produtos e variações de consumidoras. Não adianta mais ter na redação uma mulher negra, uma branca e uma asiática. Você precisaria ter uma pessoa com cabelo liso, outra de cabelo encaracolado, uma de pele seca, outra de oleosa e assim por diante. Fizemos um modelo colaborativo em que tínhamos 25 mulheres com a maior quantidade de características possíveis e que fossem especialistas em beleza, para que junto com a credibilidade da *Marie Claire* começassem a fazer *reviews* de todos os produtos lançados, desde aqueles que estão nas farmácias até os que estão em lojas mais sofisticadas. Essa era uma plataforma que exigia uma tecnologia nova, permitindo que essas 25 colaboradoras postassem o conteúdo, que passava por todos os níveis de aprovação e segurança. Precisávamos ter um conceito editorial muito forte, com um relacionamento comercial que entendesse e fosse capaz de vender esse produto no mercado, além de uma interação interna muito grande. Esse é um exemplo de projeto que demorou muito mais do que demoraria em uma empresa mais leve ou em uma start-up, porque você precisa engajar pessoas e departamentos que têm, cada um, seus próprios desafios. Às vezes, o departamento de tecnologia pode estar empenhado em um projeto gigantesco de infraestrutura, não tendo tempo e recursos para seu projeto."

Fernando Luna,
jornalista, ex-diretor editorial na Editora Globo e na Trip Editora

Quando pensamos sobre iniciativas de inovação, empreendedorismo ou transformação digital, o grande risco é acreditar que a flexibilidade das organizações e pessoas será suficiente. Cuidado! Existe uma diferença de modelos mentais que disparamos ao declarar cada uma dessas palavras. Reflita sobre as situações em que declarou ser flexível e sobre as que declarou a necessidade de adaptar-se.

Dizer ser flexível geralmente vem acompanhado de pensamentos e atitudes como as de "vou avaliar", "quero saber mais" ou "concordo em experimentar", mas logo após retorno à minha posição inicial.

Inovação, risco e desconforto sempre caminham juntos. Flexibilizar pode funcionar para algo temporário, mas caso algo estrutural ou cultural precise ser movido, operar em modo de adaptação será a postura necessária.

Adaptar-se é muito mais difícil do que ser flexível: custa mais energia, mais autoconhecimento, mais desapego.

Estamos em tempos de mudanças rápidas e crescimento exponencial. Adaptar-se, portanto, é preciso.

Criatividade também será uma habilidade necessária. Não necessariamente uma criatividade artística, mas sim uma que permita que busque novas soluções e caminhos quando diante de desafios e perguntas ainda sem resposta. Incontáveis vezes operei num contexto de ambiguidade e incerteza, sem ter todas as respostas.

Sempre tive muita convicção de que, operando em colaboração, encontraria as repostas pelo caminho. Perguntaria, pediria ajuda e usaria minha experiência e criatividade de conectar possibilidades, transformando-as em pontes.

Diz o ditado popular que "sozinho vou mais rápido, mas juntos vamos mais longe". Pura verdade. De nada vale ter uma grande ideia e sair rompendo sem buscar apoio e colaboração.

Por incrível que pareça, as vezes em que consegui mais apoio foram aquelas em que me fragilizei, pedi ajuda e colaboração.

"Eu já cometi o erro de tentar atropelar meus pares para impor minhas ideias, mas depois entendi que eles estavam se defendendo. A melhor forma de lidar com esse desafio é mostrar e explicar para a pessoa o que você está enxergando e fazendo. Tem que trazê-la para o mesmo ponto em que você está, envolvendo e convidando-a para essa jornada."

Marcelo Pacheco,
vice-presidente de vendas e inovação na Warner Media

Crescemos observando e admirando alguns líderes desbravadores e aparentemente infalíveis que surgem como superexecutivos. Muito difícil ser alguém assim 100% do tempo. Acredito, na verdade, que é impossível, afinal, só não errou quem nunca tentou fazer diferente.

Precisamos compartilhar mais as nossas falhas e aprendizados, pois elas nos humanizam.

O medo de falhar pode ser paralisante e perigoso para o negócio. Quando não há autonomia e confiança, impera a aplicação indiscriminada de regras, que muitas vezes são sem sentido.

Ouvi um exemplo que diz muito sobre isso: um passageiro, ao embarcar para um voo, por descuido, entrou na fila errada, sendo repreendido imediatamente pela atendente, que o mandou de forma ríspida para o final da fila correta. Outro passageiro intercedeu, questionando a atendente sobre o motivo de ter sido tão rude no tratamento, diante de uma falha corriqueira e sem má intenção. A justificativa da funcionária foi: "Se eu permitir a quebra das regras, posso ser advertida ou perder meu emprego".

O que estaria por trás dessa atitude? A profissional pode sentir-se insegura no papel que exerce ou, por não confiar no seu desempenho em fazer seu trabalho, faz controle restrito (o famoso microgerenciamento).

Note que uma empresa que cultiva um ambiente de confiança, permitindo que seus funcionários rompam algumas regras para prestar um melhor serviço e atender aos clientes, promove o intraempreendedorismo mesmo sem perceber.

Quanto maior o foco no cliente, mais flexibilidade e autonomia haverá para que colaboradores tomem decisões individuais, e sem a necessidade da validação de outras pessoas.

Se esses profissionais tiverem sido devidamente treinados para exercer suas atividades e concordarem com os valores e a cultura da empresa, certamente as falhas serão raras, além de os clientes agradecerem pelas decisões ágeis e personalizadas.

Especialmente nos segmentos de serviços e varejo, a reputação se constrói ou destrói nos contatos com os clientes. No exemplo da situação do embarque aéreo, a empresa perdeu os clientes.

Muitas vezes eu me senti pressionado a não falhar, preocupado em tomar decisões simples, por ter receio similar ao da atendente, ferindo a autoridade de meu superior. O intraempreendedor terá que se conciliar com a falha e suas implicações. É parte do jogo.

"Erro dói! A única forma de ser um intraempreendedor é ser um eterno e absoluto otimista, olhando o erro como uma oportunidade de aprendizado."

Maria Laura Nicotero,
CEO da Momentum Worldwilde Brasil

Aprender e entender minhas fraquezas e fortalezas pessoais e profissionais foi crucial para ativar um modelo de trabalho em colaboração. Ninguém é autossuficiente, então será sempre positivo reconhecer a importância da diversidade de pensamentos e conhecimentos.

Saber reconhecer nossos erros ou falhas é extremamente difícil, mas muito libertador. É como tirar um peso de várias toneladas das costas.

Ser responsável por qualquer modalidade de intraempreendedorismo gera muita pressão. Existe um conjunto de expectativas dos outros sobre você e de você para si mesmo.

Cuidado, portanto, com tamanhos e tempo dos compromissos que você assume. Existe um ditado popular que diz: "Melhor ficar amarelo de vergonha em dizer a verdade, que vermelho de raiva por não ter dito".

Demorei vários anos para me conciliar com o direito de falhar ou de dizer "não sei", entendendo ambos como algo positivo. Essa foi uma grande jornada de aprendizado e exercício de vulnerabilidade, que me ajudou a me conectar com as pessoas em níveis muito mais autênticos e poderosos.

"Uma das coisas que aprendi trabalhando em empresas da nova economia foi abraçar a falha e aprender com isso. Isso não quer dizer errar o tempo todo e tudo bem, mas sim errar, aprender, registrar e evoluir. O erro precisa ser celebrado para que as pessoas tenham isso como um aprendizado, uma informação. Errar é humano. Bater a cabeça não é ruim, é bom, desde que você não siga batendo a cabeça na mesma coisa."

Eduardo Bendzius,
executivo C-Level e consultor

RESILIÊNCIA E A CAPACIDADE DE SE AUTOMOTIVAR SÃO HABILIDADES IMPORTANTES PARA UM INTRAEMPREENDEDOR.

3

MISSÃO
TRANSFORMAÇÃO
DIGITAL

Mais da metade dos problemas que enfrentamos são inéditos... É importante estar conectado de verdade com o mundo. Conversar, ser curioso, questionar, construir e usar redes de relacionamento.

SIMON SINEK, consultor organizacional e autor de livros sobre transformações de modelos de negócios

A transformação digital dos negócios é, talvez, a maior expressão contemporânea de intraempreendedorismo. Digo isso com conhecimento de causa e preocupado em ainda ver potenciais transformações dessa natureza encaradas como projetos com começo, meio e fim. A verdadeira transformação digital é uma tarefa grande, que demanda tempo e recursos, além de ter impactos em todo o ecossistema corporativo, especialmente em sua cultura.

"Claro que a transformação digital atinge todas as áreas, desde o agronegócio até o sistema financeiro. Mas talvez a comunicação esteja no centro dessa mudança toda, então talvez seja mais radical aqui do que nos outros setores. O que estamos vivendo hoje é tão transformador quanto foi a Revolução Francesa. Daqui 100 anos, os livros de história vão falar sobre a revolução digital do início dos anos 2000."

Fernando Luna,
jornalista, ex-diretor editorial na Editora Globo e na Trip Editora

113

Convido você, que é funcionário de alguma empresa, a fazer esta reflexão: por que, quanto maior o porte de empresa, mais longe as lideranças vão buscar inspirações? Vejo equipes indo aos Estados Unidos, a Israel, à China, ao Japão ou à Suécia buscar respostas.

Altos executivos indo para a Singularity University[2] ou negociando projetos com a NASA.

Não me entenda mal, inspiração sempre é bem-vinda, porém, na grande maioria das vezes, o principal desafio está na transformação da cultura, tendo em vista que, mesmo após várias viagens, nada de significativo acontece. Por quê? Porque as pessoas ainda pensam como antes e seguem fazendo as mesmas perguntas de sempre. É necessário reconfigurar a forma de pensar, antes de acessar modelos mais avançados.

Numa das empresas em que trabalhei, quando fui indicado para organizar uma viagem do *board* executivo ao Vale do Silício, negociei com o CEO um treinamento prévio, que implicaria no adiamento dessa viagem em alguns meses.

Surpreso com minha posição, ele questionou se eu não sentia que a equipe sênior era suficiente para realizar essa viagem. Respondi a ele: "Todos serão expostos a modelos disruptivos de negócios, inclusive a alguns que mudam completamente as marcas com que eles trabalham há anos. Por isso, a equipe precisa aprender a fazer as perguntas certas. Se embarcar sem a devida preparação, não vai obter o melhor aproveitamento da viagem".

Uma preparação intensiva foi realizada, mas ainda assim, quando o grupo teve a oportunidade de estar com o Evan Williams, um dos quatro cofundadores do Twitter, na sede da empresa em São Francisco, a conversa não fluiu. O grupo travou.

Evan entrou na sala animado, dividindo a notícia de que havia fechado um contrato de transmissão inédito com a NFL para transmitir com exclusividade no Twitter o pré e o pós-jogo.

A vivência em diferentes empresas, especialmente como consultor, ensinou-me que a visão lateral é muito importante, pois dela extraímos muita sabedoria. Trabalhando em segmentos de mercado, a tendência é sermos especialistas apenas no que vemos e fazemos.

2   Singularity University é uma escola de inovação que por meio de tecnologias exponenciais pretende resolver os maiores desafios da humanidade.

O exemplo do que aconteceu na reunião com Evan Williams mostra muito bem a falta de repertório para uma conversa diferente da agenda, em que poderíamos ter explorado modelos de negócios que talvez fossem aplicáveis ou gerassem uma eventual parceria.

A transformação digital demanda também reconfigurar algumas crenças com as quais fomos educados e que se aplicavam aos negócios até pouco tempo atrás. Crescemos num mundo cujas empresas criavam produtos e, pela força do marketing, geravam desejo nas pessoas. Atualmente, precisamos entender os desejos ou as dificuldades das pessoas para criar produtos.

Reparou que a lógica foi invertida? Isso aconteceu de uma forma gradativa, que muitas vezes nem ao menos percebemos. Vou dar alguns exemplos: 10 anos atrás existiam restaurantes veganos? Alimentos para celíacos? A preocupação em consumir probióticos como há hoje? Não! A indústria produzia pensando num consumidor médio, em alcançar escala.

Hoje, essa mesma indústria está preocupada com nichos e comportamentos em ascensão. Buscar somente o consumidor médio não é mais o suficiente. Com o empoderamento tecnológico, os nichos se unem e demandam produtos e serviços mais personalizados, refutando o que é para todos.

Nesse mundo líquido e mutante, a curiosidade e o questionamento, como bem lembrados por Simon Sinek na epígrafe desta parte, são atitudes importantes a qualquer intraempreendedor. Ter um olhar no retrovisor, buscando exemplos do passado, não garante mais sucesso no presente ou no futuro.

A seguir, vamos examinar os aspectos mais importantes sobre uma transformação digital de sucesso.

"A demanda tem sido exponencial por profissionais que entendam e consigam fazer a transformação digital em empresas grandes. Porém, sob o ponto de vista cultural, não necessariamente quem consegue fazer isso em start-up será bem-sucedido em empresas estabelecidas."

Tatyana Freitas,
diretora executiva da Russell Reynolds Associates

CAPÍTULO 10
INÍCIO, MEIO, MAS SEM FIM

MEU 10º APRENDIZADO

Há várias definições espalhadas por livros e pela internet sobre o que é a transformação digital. Sendo assim, vou tomar a liberdade de expressar o meu ponto de vista para definir o que considero ser.

Transformação digital é o movimento que um negócio ou empresa deve fazer para adaptar-se às novas dinâmicas de um mundo em *constante* evolução, acompanhando o ritmo dos avanços tecnológicos.

Usando como base a já abordada analogia de um mundo de escassez e outro de abundância, as tecnologias digitais são as grandes responsáveis por essa evolução. Elas nos conectaram, deram acesso, derrubaram fronteiras geográficas, expandiram nosso conhecimento e informação em uma perspectiva, contexto e rapidez nunca antes experimentados pela humanidade, e ainda por cima cabem dentro do nosso bolso.

O smartphone mudou definitivamente nossa relação com a tecnologia e conexão. Sua expansão criou uma camada de serviços nunca vistos pela humanidade. Temos acesso ilimitado a produtos, experiências e serviços. A limitação deixou de ser nosso conhecimento e passou a estar atrelada à nossa capacidade de acessar as tecnologias disponíveis.

Olhando para um futuro muito próximo, com a tecnologia 5G acessível a todos, será rompida uma nova barreira. Isso porque passaremos a viver num mundo em que todas as coisas estarão também conectadas e trocando informações. Essa nova etapa de conexão é chamada de IoT, como já apresentado no primeiro capítulo.

Sim, coisas como o nosso carro, casa, escritório, geladeira, cafeteira, iluminação e outros trocentos objetos que, com uma combinação de velocidade de conexão e inteligência artificial, serão capazes de interagir e tomar ações concretas sem interferência humana.

Imagine uma cozinha onde a geladeira acessa seu padrão de uso e, antes de terminar determinado produto, sozinha faz o pedido de reposição para um supermercado.

Exemplos não faltam, mas gosto de colocar a tecnologia sempre a serviço das pessoas, nunca o contrário. A tecnologia avança *por* nós e *para* nós, seres humanos.

A tecnologia aplicada ao agronegócio tem gerado aumento de produtividade e redução de custos, desde a produção e seleção dos grãos até a colheita de campos imensos, com colheitadeiras autônomas que trabalham 24 horas por dia. A inteligência artificial, identificando as plantas mais sensíveis a pragas, pode pulverizar a dosagem exata de pesticidas.

Robôs, pouco a pouco, vão sendo inseridos em hospitais, apoiando os médicos em cirurgias em que a precisão é vital. Ainda nesse universo, a nanotecnologia será capaz de ajudar em exames cada vez menos invasivos e mais precisos.

Sites de e-commerce, baseados em *machine learning,* vão aprendendo nossos comportamentos de busca e compra, tornando-se cada vez mais personalizados.

Amazon e Netflix aprendem com os padrões e hábitos de navegação de seus usuários, passando a oferecer cada vez produtos e serviços mais personalizados, antecipando suas necessidades.

Um bom exemplo é o praticado pela Amazon no Reino Unido, que avalia o tamanho e expectativa de leitura de um livro que está sendo adquirido por um usuário para que, a partir de uma nova procura por livros, seja oferecido ao usuário um serviço de revenda do comprado anteriormente na plataforma.

Nesse exemplo, temos a tecnologia perfeitamente aplicada a uma necessidade humana, oferecendo um mix de personalização (entendendo que você deve ter acabado o livro comprado e busca outro), conveniência (se não quiser guardar esse livro, oferece a possibilidade de uma plataforma para venda de livros usados) e relevância (a plataforma entende o comportamento de seus usuários e oferece serviços complementares a suas necessidades).

Gostaria de convidar você a uma reflexão que diz muito sobre a fronteira tecnológica que já cruzamos.

Vamos voltar ao passado de alguns anos atrás. Pense no ano de 2010, quando o Instagram foi lançado e o WhatsApp havia surgido fazia 1 ano. Nessa época, ambos os aplicativos não faziam parte de nosso dia a dia. Tente lembrar onde você estava e a que se dedicava na época, focando um desafio ou problema que precisava resolver. É provável que tivesse uma ideia para solucioná-lo, mas faltava tecnologia ou o custo era alto, sendo possível somente a poucos privilegiados.

Nessa mesma época, quem tivesse o apetite de empreender precisava dispor de capital monetário para iniciar. Vou estalar os dedos e voltamos ao presente, o.k.?

Imagine um desafio que aparece no seu dia a dia dos negócios. Você já reparou que para praticamente tudo existe alguma solução disponível? Arrisco dizer que a tecnologia deixou de ser um tema futurista e já ultrapassou nossa capacidade criativa.

Se há poucos anos empreender implicava despender necessariamente de recursos financeiros, atualmente um empreendedor pode começar seu negócio apenas com o seu próprio capital intelectual, e só depois buscar os demais recursos para expandi-lo.

Nessa nova dinâmica, com o pensar e o fazer muito mais acessíveis, a quantidade de produtos, serviços e alternativas se multiplicam em ritmo exponencial. Bastam uma ideia e o acesso à tecnologia: a pessoa poderá acessar milhares de opções gratuitas de produtos e serviços.

E isso acontece num grau tão alto que começamos a sofrer para escolher diante de tantas opções! Lembra quando tratamos, no início deste livro, da evolução de um mundo de escassez para outro de abundância?

Essa nova dinâmica traz consigo a necessidade de todas as empresas evoluírem em seus modelos de negócios e em como se estruturam e se portam nesse novo ecossistema.

A seguir, proponho alguns níveis de mergulho ou ingresso no universo digital para empresas, independentemente do seu segmento ou tamanho.

- **Empresa curiosa** aqui está aquela que observa novas tecnologias, movimentos de outros segmentos ou mesmo de seus concorrentes, buscando enxergar caminhos e exemplos que trarão algum conforto para avançar.
- **Empresa ativa** saiu da inércia do nível anterior e fez pequenos movimentos ou ajustes, como atualizar seus sites, participar de redes sociais e investir em comunicação por meio de mídias digitais. Esse tipo de empresa dá pequenos passos, geralmente ligados à área de marketing ou comunicação.
- **Empresa engajada** a evolução natural é desenvolver um olhar digital mais abrangente dentro da organização. Nesse nível, serão mapeados todos os pontos de contato entre a empresa e seus consumidores, visando a desenvolver jornadas para os diferentes tipos de clientes. O mundo digital também passa a fazer parte das conversas sobre eficiência. Automação e e-commerce têm suas primeiras discussões e até testes-pilotos. Metodologias ágeis são testadas.
- **Empresa competitiva** termos como experiência do usuário (UX)[3] e experiência do consumidor (CX)[4] já fazem parte de seu vocabulário corporativo. Equipes multidisciplinares e metodologias ágeis estão incorporadas ao dia a dia do negócio. E-commerce é um canal de vendas em franca expansão, com equipes dedicadas. No caso de indústrias, a automação já está implementada e entregando resultados. Recursos humanos, compras, finanças e vendas têm projetos digitais em curso.
- **Empresa madura** esse nível é encontrado apenas em empresas nativas digitais. Sua maior característica é o fato de não ter mais necessidade de declarar a palavra digital. Não existe mais separação

120

---

3   UX equivale à experiência que um usuário tem em qualquer entorno digital. Repare que existem aplicativos ou sites mais simples e fáceis de usar. Eles tiveram uma intervenção de UX.

4   CX equivale à experiência ou jornada completa do cliente, independentemente do ponto de contato dele com a empresa. O CX engloba pontos de contato físicos (loja), virtuais (centrais de atendimento) e canais digitais (sites e redes sociais).

entre os mundos virtuais e físico. O consumidor está no centro de todo o processo. CX é uma obsessão constante. Indicadores de qualidade de serviço são levados ao extremo. A colaboração entre áreas acontece organicamente.

Independentemente de em qual nível a sua empresa se encontre na lista proposta anteriormente, garanto que a caminhada digital terá início, meio, mas jamais um fim. Isso porque, enquanto não conseguirmos alcançar um limite para o desenvolvimento tecnológico (e nem sei se existe algum), a transformação digital será um processo contínuo. Afinal, como estar satisfeito em avançar de nível se as variáveis e os indicadores de cada um seguem em movimento?

As empresas nativas digitais estão em constante transformação. Note a quantidade de evoluções, novos serviços e produtos de empresas como Google, Facebook, Uber ou Airbnb. Ficar parado e inerte, atualmente, significa obsolescência, em oposição ao cenário mais antigo, quando negócios prosperavam mantendo suas estruturas e modelos inalterados.

A esta altura, talvez você esteja se perguntando sobre a necessidade de haver uma área, dentro da empresa em que atua, para liderar a transformação digital. Eu alerto que ela é necessária para os dois ou três primeiros níveis, mas passa a ser diluída dentro de empresas que se encontram nos mais avançados.

Ter uma área ou equipe dedicada será importante para atrair atenção, foco e disseminar boas práticas. Haverá um momento em que o digital estará já "embebido" na agenda e nos negócios de tal forma que a função inicial dessa equipe estará sobreposta a outras funções.

Lembro de, numa reunião com o *board* de uma multinacional pela qual passei, ter sido questionado pelo presidente sobre quando ele saberia se a transformação estava surtindo efeito. Minha resposta foi: "Quando a minha posição se tornar redundante. Serei um forte candidato a qualquer outra posição de liderança na empresa por ter ajudado a organização nesse processo de compreensão das novas dinâmicas necessárias".

"Nunca me esqueço de uma frase de um cliente: 'Somos todos táxis e tem um Uber chegando não se sabe de onde'. Todos os negócios estão sujeitos a sofrer uma transformação, sendo a tecnologia uma ferramenta, e a real importância está no modelo mental."

Tatyana Freitas,
diretora executiva da Russell Reynolds Associates

MELHOR QUE CONTRATAR UM EXÉRCITO DE ESPECIALISTAS DIGITAIS É TER PESSOAS QUE SABEM PENSAR E OPERAR NUM MUNDO DIGITAL.

CAPÍTULO 11
PRINCIPAIS ARMADILHAS PARA UMA TRANSFORMAÇÃO DIGITAL

Quando decidi transportar mais de 25 anos de experiência para este livro, tendo dedicado 15 deles a liderar transformações digitais, me deparei com um grande desafio. Como resumir toda essa jornada em um texto interessante, sem ser técnico ou superficial demais?

Fui atrás dos livros que mais gostei de ler e reparei que eles retratavam jornadas pessoais e autênticas. Obviamente falavam dos sucessos, mas não escondiam as armadilhas e os fracassos.

Há vários eventos grandes sobre transformação digital em nosso mercado e centenas de eventos menores. Reparei que esses eventos trazem sempre um olhar de futuro, para o que vai acontecer, debatendo quais serão as novas tecnologias ou os novos comportamentos das pessoas. Não tem nada de errado com isso, mas sinto que ainda falamos pouco sobre as armadilhas dessa jornada, que é tortuosa, inconstante e imprevisível.

Neste capítulo, faço uma lista das armadilhas que considero mais comuns. Saber da existência delas poderá fazer uma grande diferença para um projeto ter sucesso ou não. Caí em todas elas, não vou mentir, sendo assim, sinto-me confortável de falar sobre todas.

Falta de alinhamento interno sobre objetivos, processo, recursos e etapas

Você pode até pensar que esse ponto é muito básico e até óbvio, mas, acredite, com pressa ou na empolgação para começar uma iniciativa de alto impacto, nos esquecemos de fazer alinhamentos, e isso pode converter-se em armadilhas.

Muito tempo deve ser dedicado à fase de planejamento e na decisão sobre o que fazer e onde mexer. Uma iniciativa de transformação digital é grande e complexa, acredite. Ela terá impacto cultural e operar com pessoas e para pessoas leva tempo, alinhamento e esforço.

O desafio é que, logo que for alinhado o escopo dessa iniciativa, virá uma primeira onda grande de pressão para que tudo seja feito no menor tempo possível.

Tanto velocidade como o ritmo da iniciativa deverão ser alinhados na etapa de planejamento, mas estarão sujeitos a imprevistos internos, como a falta de recursos e capital, ou externos, como mudanças nos contextos social, político e econômico.

Como falamos no capítulo 7, fazer um RACI, mapeando e alinhando papéis de cada profissional envolvido pela iniciativa, será de grande valor na definição das responsabilidades. Nenhuma área ou colaborador gosta de ser pego de surpresa por um processo dessa envergadura.

É verdade que imprevistos e novas dinâmicas podem surgir nesse percurso, mas devem ser exceção e, pelo alinhamento feito antes de iniciar os trabalhos, encarados como tal.

Vi e vivi muitos casos que tiveram dificuldades de gestão pela falta de um alinhamento correto no início. Entendo que é um processo pouco sedutor ou inspirador, mas necessário ao intraempreendedor para ter sucesso.

É bastante comum nas empresas que tais iniciativas, especialmente de médio e longo prazos, tenham seus objetivos iniciais "recalibrados" ao longo do processo, com aumento ou redução de seu escopo.

Intraempreender é lidar com algo "vivo" e que se desenvolve ao longo da jornada.

Fases de alinhamento, validação e aprovação devem ser previamente definidas, evitando dúvidas ou inseguranças no ambiente corporativo. Caso isso não seja feito, quando os questionamentos surgem (e surgirão), o projeto correrá o risco de ser pausado.

Aqui parece que estou sendo contraditório, pregando planejamento e previsibilidade, afinal, vimos anteriormente que inovação traz desconforto, mas lembre-se: você está dentro de uma empresa com cultura já estabelecida, e é parte desse processo prover certa dose de conforto de que sua iniciativa está "sob controle", com planejamento de recursos e demais áreas informadas e alinhadas.

Aqui se nota uma grande diferença entre os contextos de ação do intraempreendedor em comparação ao empreendedor. O intraempreendedor precisa ter habilidades de planejamento e gestão de projetos, além de saber entender e lidar com diversos níveis hierárquicos e distintos pontos de vista dentro e fora da organização.

Um bom exemplo para ilustrar a importância do alinhamento interno ocorreu durante uma das iniciativas de transformação digital que liderei. Usei a metodologia do RACI e parti para conversas individuais de alinhamento com as lideranças.

Um executivo de alto escalão se opôs verbalmente e atuou não verbalmente contra o plano traçado. Errei ao prosseguir, preocupado com o tempo que teria que investir para convencê-lo, pois acreditei que os demais iriam me ajudar a mudar sua opinião durante a jornada.

Além disso não acontecer, uma vez que algo novo deixou todos na defensiva, causou ainda atritos, já que essa pessoa se sentiu desprestigiada.

Essa foi uma armadilha que poderia ter sido evitada se eu tivesse investido tempo e esforço no princípio, para entender e superar o desconforto do executivo.

Falta de alinhamento com o ecossistema externo (agências, parceiros, fornecedores, entre outros)

Essa é uma armadilha não tão óbvia, mas que apresenta potencial de causar dano a qualquer iniciativa. Por experiência, arrisco dizer que é impossível alguma iniciativa vingar sem o apoio ou até dependência de algum agente externo.

Se controlar os elementos internos já é um grande desafio, imagine os externos! O alinhamento interno é importante, como já avaliamos, e o externo também será vital, garantindo que os fornecedores e parceiros estejam completamente alinhados aos tempos e objetivos do projeto.

Comigo já aconteceu de um fornecedor externo apresentar uma solução tecnológica inovadora: os consumidores poderiam operar um aplicativo de receitas por comando de voz. Essa funcionalidade ainda não existia no mercado e traria grande conforto ao usuário, que não precisaria mais lavar e secar as mãos para acionar seu celular enquanto estivesse cozinhando.

Havia uma condição para ter acesso a essa tecnologia, que era a compra de um pacote robusto de mídia anual com esse fornecedor. Na empolgação em lançar essa solução de forma pioneira no mercado brasileiro, movemos a organização na direção de aprovar a compra do pacote de mídia necessário.

Para nossa surpresa, descobrimos apenas depois da assinatura do contrato que essa tecnologia ainda seria desenvolvida pelo parceiro, com parte dos recursos financeiros recebida de nós. Resultado: o projeto demorou o dobro do tempo estimado.

Meu aprendizado com esse projeto foi o de checar sempre os detalhes, especialmente o quão novo é o produto ou serviço comprado. É importantíssimo pedir para ver se há algum protótipo ou ter certeza de que aquilo que está sendo oferecido existe.

Áreas comerciais vendem e depois cabe ao departamento de tecnologia ou produto desenvolver e entregar a solução. Como a pressão por resultados extraordinários é constante, torna-se importante sempre se informar sobre obstáculos digitais inesperados. Eles acontecem.

Subestimar procedimentos e processos de compras

Subestimar os procedimentos e processos de compras é outro ponto de atenção importante que pode se revelar uma armadilha perigosa.

Lidar com algo novo implica testar *sempre* a elasticidade dos procedimentos existentes, criados com base histórica. Inovar significa também flexibilizar procedimentos e políticas com mais agilidade.

Lembra-se de quando falamos sobre anticorpos e desconforto? Pois é! Processos e procedimentos, especialmente em multinacionais, são considerados quase um mantra sagrado, além de objeto de auditoria. Agora imagine o "climão" quando aparece um intraempreendedor dizendo que não consegue avançar pela inflexibilidade gerada ao aplicar tais processos e procedimentos.

Essa é uma grande zona de aprendizado e melhoria para as empresas. Controles são e serão necessários em grandes empresas, afinal, se cada um fizer o que quiser, poderá levar departamentos e até mesmo a organização ao caos.

Ao mesmo tempo, a inflexibilidade é perigosa. Considero prudente e necessário criar um fórum de discussão e evolução de procedimentos, para que eles não se convertam em barreira para a inovação.

Digamos que uma grande empresa multinacional avalie que necessita do apoio de algumas start-ups pequenas, mas altamente tecnológicas, para evoluir digitalmente com maior agilidade e levar inovações a diferentes partes do seu negócio.

A ideia pode esbarrar em um grande obstáculo. Pelo que conheço das grandes empresas multinacionais, o processo de pagamento aos fornecedores se dá em 90 ou até 180 dias, sendo que as start-ups pequenas dificilmente vão possuir fluxo de caixa que suporte desenvolver qualquer serviço e receber somente alguns meses depois. Ou seja, será necessário criar um processo de pagamento diferenciado para que a empresa possa contratar empresas menores.

Vamos supor que em outro projeto o escopo requer a aquisição de um software de inteligência artificial que tem dois ou três fornecedores no Brasil. Entre eles, apenas um consegue atender a todas as demandas do projeto. Como seguir se, para qualquer processo de compra, existe a necessidade de três cotações de fornecedores similares?

É nessa hora que surge um nó corporativo. A área de compras não tem habilidades e conhecimento suficientes para fazer a cotação e a respectiva compra. Assim, o preço ganha ainda mais relevância. E no caso de existir apenas um fornecedor surge então uma barreira, que faz tudo parar.

Responsabilidade da área de compras? Não! Responsabilidade da gestão, que deve entender que a área de controladoria é fundamental, mas precisa evoluir e ter flexibilidade para se transformar de acordo com novas práticas no mundo dos negócios.

Cabe ao líder encarregado pela transformação digital promover uma conversa com a área de compras e mapear potenciais obstáculos e desafios à sua jornada, além de propor alternativas. Essa conversa ainda será útil para evitar a percepção de uma agenda ser mais importante que a outra, até mesmo porque não é.

Provavelmente haverá discordâncias, pois inovação e controles se contrapõem no que diz respeito ao risco. O resultado dessa conversa deverá ser levado ao *board* da empresa ou diretamente ao CEO, para que ambas as partes possam ponderar e chegar a uma decisão que permita a inovação, mas ainda mantendo níveis de controle e segurança confiáveis.

Não reportar progressos e *status*

Outra armadilha comum é a de considerar que, após efetuados os alinhamentos iniciais, todos dentro da organização estarão tranquilos e na expectativa pelo sucesso da transformação digital.

O líder dessa iniciativa deverá ser a pessoa mais informada sobre o andamento de todas as atividades correntes. Uma dica importante é a de jamais menosprezar a necessidade de informar os progressos e o *status* com certa frequência.

Dentro de uma empresa, a desinformação funciona como um caldeirão de teorias e suposições, e, acredite, as boas não ganham tanta energia e poder de contaminação quanto as ruins. Já vi projetos que estavam em andamento, respeitando o planejamento inicial e, por falta de informação sobre seu progresso, sofreram questionamentos.

Também podem ocorrer imprevistos, e essa é mais uma razão para que toda a equipe envolvida esteja sempre alinhada e consiga ecoar as principais informações e *status* do projeto dentro da organização.

Projetos de transformação digital têm implicações diferentes em diversas áreas, assim como ritmos de adoção e impacto, logo, deve-se dar especial atenção à gestão e à uniformidade da comunicação. Vão aparecer boatos, afinal, esse é um projeto estrutural em qualquer organização. Ter alguém de comunicação interna na equipe do projeto pode ser bastante útil para garantir melhor fluxo de informações e alinhamento interno.

"Quando eu bati de frente ou não envolvi as pessoas, criei inimigos. Usando uma analogia, essas pessoas dispararam mísseis contra mim e, mesmo quando decidi parar os confrontos, comecei a tomar porrada de todos os lados. Com o tempo, ganhei mais autoconhecimento para entender que essas pessoas não entendiam o que eu estava falando e que, muitas vezes, estavam com medo da proposta."

Marcelo Pacheco,
vice-presidente de vendas e inovação na Warner Media

Capacitação

Tema quente e importante. Qualquer transformação digital implica na adição de novos comportamentos e habilidades aos colaboradores da empresa.

Honestamente, não acredito que esse seja um tema geracional, mas sim de comportamento, pois existem colaboradores mais novos e mais resistentes às mudanças, assim como mais velhos com mais sede de aprender e se renovar.

Durante meus anos liderando transformações digitais, sempre fui favorável a ser democrático na capacitação dos colaboradores, oferecendo novas ferramentas e habilidades a todos, sem exceção.

As fases mais importantes são durante e depois dessa capacitação, independentemente do formato, pois nesse processo será possível observar comportamentos e questionamentos que estarão alinhados ou não aos novos desafios e posicionamento da empresa. Acredite, será fácil diferenciar os que questionam para aprender daqueles que tentam apenas dificultar ou criar barreiras.

Uma analogia seria a do colaborador que, buscando aprender uma nova língua, conta com o estímulo e o subsídio da empresa. Sabendo que essa nova habilidade será importante para o seu desenvolvimento pessoal e profissional, mostra interesse, questiona, pratica, evolui.

Por outro lado, existe aquele outro colaborador que, apesar do mesmo estímulo e incentivo financeiro, falta às aulas, não estuda, não questiona ou pratica, demonstrando desinteresse em evoluir.

Qualquer mudança de rumo vai gerar perdas, inclusive de capital humano, e não é para traumatizar. É importante que a empresa seja justa e democrática, sem prejulgar as pessoas. Existirão aqueles que, segundo você pode presumir, não se adaptarão ao novo cenário, assim como também haverá surpresas boas.

Existem diversos modelos de educação voltados à capacitação das pessoas. Ao longo dos anos, testei e participei de vários deles, e sei que existem modelos adequados a cada objetivo.

Se a ideia é a de expor um grupo a algum estímulo mais ligado à inspiração, funciona bem o formato palestra em auditório ou sala. Lembre-se de reservar 40 ou 50% do tempo destinado à exposição para perguntas e debates. É importante entender como as pessoas absorveram aquilo que foi proposto.

Se o objetivo é transmitir conhecimento, gosto mais dos modelos de "aprender fazendo", e aqui podemos aplicar *workshops*, com dinâmicas baseadas em casos concretos, como fazer os participantes transformarem aprendizado em hipóteses para o negócio, ou também o método de sombra, com o *expert* acompanhando o aprendiz e operando como um conselheiro durante atividades reais.

Esse método individualizado se assemelha muito ao coaching, com a diferença de o sombra provocar o aprendiz a encontrar as respostas, sem deixar de também validar ou corrigir os caminhos, garantindo o efetivo aprendizado de seu orientando.

Outro modelo bastante eficiente, mas mais demorado, é o método de missões, muito comum nos programas de trainees, em que, para gerar integração e treinamento, os participantes passam períodos mínimos de três meses em todas as áreas. Se existe alguma área digital ou setor do negócio mais avançado dentro da empresa, ele pode servir de incubadora para preparar e acelerar outros colaboradores.

Na Nestlé existe um programa global chamado DAT (Digital Acceleration Team, ou Equipe de Aceleração Digital), que já está presente em alguns países, caracterizado pela formação de uma equipe multidisciplinar que, durante seis meses, será exposta a diversos formatos de capacitação, enquanto também será responsável por projetos concretos digitais.

Essa combinação de teoria e prática se mostrou bastante eficiente. O ponto de evolução desse modelo, em minha opinião, é o fato de estar direcionado às próximas gerações, o que implica em capacitar e devolver colaboradores na base da pirâmide organizacional, enquanto as lideranças seguem com a mesma mentalidade.

Buscando uma alternativa para esse modelo, visando a ter um impacto mais homogêneo em toda a organização, apliquei um "mix" desses formatos, que gerou bastante sucesso e reverberação positiva. Nele, separei a organização em três níveis: alta gestão, gerência e demais colaboradores. Fui questionado pelo time de recursos humanos sobre o motivo dessa separação e potencial segregação, mas o motivo é simples.

Imagine um auditório lotado com todos os níveis de uma empresa, desde o presidente até o estagiário. Nesse auditório, trezentos colaboradores estão assistindo a uma palestra sobre um tema relevante ligado à transformação digital. Ao final, o palestrante convida as pessoas a fazer perguntas. O que vai acontecer? Em muitas e muitas sessões das quais participei, apenas os níveis mais baixos perguntavam. A reflexão importante é o porquê desse comportamento.

O tema apresentado é novo, certo? Logo, é uma pauta que não está no domínio da maioria das pessoas no auditório. Quanto aos níveis mais altos da empresa, provavelmente serão as pessoas mais velhas. Num exercício de empatia, coloque-se no lugar de um diretor de qualquer área que, exposto a algo novo, tem várias dúvidas. No entanto, sente desconforto em questionar em público, por temer ser julgado.

Esse comportamento é mais comum do que imaginamos, mas é absolutamente normal. Assim, minha intenção foi a de criar três níveis, não geracionais, mas de responsabilidade e impacto de decisão, e colocá-los juntos.

Para os diretores, foram elaboradas sessões menores e uma viagem ao Vale do Silício. O objetivo era que, ao serem expostos ao novo, tivessem conforto e liberdade para discutir e aprender, demonstrando suas deficiências e já elaborando decisões.

O mesmo aconteceu no nível gerencial. Uma agenda foi elaborada de modo a ficarem expostos a conteúdos e habilidades necessárias ao desempenho de suas funções em um mundo digital.

Finalmente, para os demais colaboradores, foram oferecidas palestras e treinamentos on-line, além de um programa de aceleração digital. Cerca de quarenta deles com alto potencial de desenvolvimento foram treinados em uma turma à parte depois de identificados pela direção e gerência.

Além de um crescimento na capacidade de entendimento e execução de novas habilidades, esse processo se mostrou incrível para a formação de novas redes de relacionamento e conexão entre colaboradores que jamais haviam trabalhado juntos.

Liderança que não enxerga o seu papel

As lideranças exercem papel vital em qualquer processo de transformação digital. Serão elas as responsáveis por criar e comunicar uma visão, além de definir a jornada que a empresa deve percorrer. Com isso em mente, a principal pergunta a ser feita é: por que precisamos fazer a transformação digital em uma determinada empresa?

Passei por empresas nas quais a transformação digital era mais um mandato da matriz do que entendida como uma necessidade para a evolução do negócio. Resultado? Um processo desordenado, pois a liderança local recebeu a missão e tentava entender seu papel e os impactos internos desse processo, sabendo que seria observada pela matriz.

Outra possibilidade é de ser um mandato do presidente ou do *board* local. A mesma indagação que fiz há pouco segue valendo. Existe algo concreto e maior que apenas um mandato impulsionando a necessidade dessa transformação digital?

Cuidado para não cair na armadilha de declarar que a transformação se faz necessária, pois o concorrente A ou B já está nesse processo. Isso significaria que a empresa está no caminho errado.

A transformação digital não é uma corrida ou competição. Ela precisa acontecer quando a empresa entende que é necessário evoluir para seguir servindo aos seus clientes, que agora se relacionam com ela de outras formas e exigem outros serviços.

Cabe à liderança conseguir olhar o contexto externo e saber convertê-lo em motivação para a evolução do contexto interno. Ela terá um papel não apenas de maestro que conduz sua orquestra, mas também de identificar a necessidade de novos instrumentos e novos músicos, além de acompanhar aqueles que apresentam dificuldades.

Esse é o líder coach, aquele que não só determina o que fazer, mas ensina e acompanha como deve ser feito, a partir de um porquê comum a todos. O porquê é dado pelo propósito da empresa, que representa sua razão de existir.

Como parte da equipe de liderança, aprendi um valor na minha passagem pela Diageo de que gosto muito e aplico até hoje, denominado *"freedom to succeed"*, ou "liberdade para ter sucesso". Esse valor convida o líder a sempre apoiar e dar liberdade às pessoas. Liberdade que é delegada também com responsabilidade. Na dúvida, incentive e não detenha: acredite sempre mais na possibilidade de dar certo do que no receio de dar errado.

A liderança deve reconhecer que não tem todas as respostas e perguntar despretensiosamente, sem receio de ser julgada. Deve ser mestre em fazer conexões e operar em redes, extraindo o melhor de suas equipes por inspiração, não imposição. Ela entende que ter pessoas tecnicamente melhores é positivo, e que a soma das forças é uma vantagem e inspiração aos demais.

INTRAEMPREENDER É LIDAR COM ALGO "VIVO" E QUE SE DESENVOLVE AO LONGO DA JORNADA.

CAPÍTULO 12
SEUS PRINCIPAIS PILARES ESTRATÉGICOS

MEU 12º APRENDIZADO

Em uma grande empresa de B2B, nas reuniões mensais com a equipe de liderança, o presidente convida as pessoas a declarar suas falhas e aprendizados aos demais. Quem não falhou é porque não tentou nada novo.
RENATA ZANUTO, head no CUBO Itaú

Uma evolução em ritmo exponencial demanda cada vez mais agilidade, num patamar provavelmente nunca antes exigido das organizações, especialmente daquelas com modelos mais tradicionais, com vocação para grandes, mas lentos movimentos de mercado.

Adaptar-se a essa nova realidade, portanto, deixa de ser algo secundário para aparecer no topo das listas de prioridades da alta direção, com reflexos táticos e, principalmente, estratégicos – em alguns casos, até como fator de sobrevivência.

Como se isso não bastasse, acompanhamos a proliferação de organizações nativas digitais que têm desintermediado[5] modelos de negócios já estabelecidos.

O setor de viagens foi impactado pelo Airbnb, assim como o financeiro, pela Nubank. Veja a seguir alguns exemplos:

---

5   Processo pelo qual a sua empresa se aproxima do cliente final por meio da eliminação de intermediários.

UBER	A maior empresa de transporte não possui nenhum veículo.
AIRBNB	O maior provedor de acomodações global não possui imóveis.
FACEBOOK	A plataforma de mídia mais popular do mundo não cria conteúdo.
ALIBABA	O varejista mais valorizado do mundo não possui inventário.

Examinaremos neste capítulo os quatro pilares estratégicos que, em minha experiência, mostraram-se os mais importantes. São eles: pessoas, experiências, inovação e liderança.

Todos são dependentes entre si, sendo necessário atuar em todos para alcançar sucesso, e coloco pessoas em primeiro lugar, pois são elas que moldam a cultura de qualquer empresa.

Numa definição livre, cultura é a soma do conhecimento, crenças, lei, moral, costumes e todos os hábitos e aptidões adquiridos pelo ser humano e, consequentemente, por uma organização. Disse Peter Drucker, o guru do marketing, que "cultura come estratégia no café da manhã", e isso é real.

A melhor estratégia jamais irá sobrepujar a cultura de uma empresa, de profissionais ou mesmo de fatos, argumentos e dados. Sem os ajustes necessários na base cultural, seu negócio não vai funcionar!

Ao longo dos capítulos anteriores, examinamos algumas características que diferenciam as empresas da economia tradicional e da economia digital. No quadro a seguir listo cincos grandes pontos que caracterizam cada um dos modelos.

ECONOMIA TRADICIONAL	ECONOMIA DIGITAL
Confiança por meio de autoridade	Confiança por meio da transparência
Sabe as respostas (limitador)	Faz as perguntas (libertador)
Medo de errar	Liberdade de experimentar
Modo de errar	Modelo fluido
Busca pela perfeição (controle)	Evolui por interações

Observe que todos os pontos são culturais, nenhum deles requer investimento em tecnologia, ferramentas ou mais estrutura, coisas que geralmente são os pontos de partida da grande maioria das tentativas de transformação nas organizações, mas que deveriam ser a sua consequência.

Lembre que uma evolução cultural gera desconforto, com impactos nos modelos e processos vigentes, porém, sem ela, você pode estar apenas "enxugando gelo".

Nascemos e crescemos em uma época em que a confiança se dava pela autoridade, conquistada pela experiência ou até pelo porte da organização. Hoje, a transparência tem um peso significativo na escolha de uma marca, produto ou serviço.

A base de nossa educação foi construída na preparação para um mundo de escassez, no qual saber as respostas era importante e diferenciador. Hoje, a busca por saber tudo é limitadora, já que vivemos num mundo de abundância, em que a mesma informação chega a muitas pessoas, como vimos no primeiro capítulo.

O diferencial passa a ser, portanto, saber navegar nessa fartura de informações, tendo a capacidade de fazer as boas perguntas e desenvolver a inteligência emocional para conseguir fazer as conexões.

Como antes a busca pela perfeição e o controle eram um mantra nas organizações, lançar um produto ou serviço inacabado era impensável. Agora, esperar a perfeição pode significar nunca lançar esse produto ou serviço. A expressão "feito é melhor que perfeito" descreve bem essa nova maneira de pensar e agir.

Admiro as empresas que evoluem por interação, criando com seus parceiros e consumidores. Modelos não faltam, como o 70/20/10, popularizado pela Coca-Cola, ou mesmo o que Facebook, Google e Spotify fazem, lançando versões testes dirigidas aos seus consumidores mais fiéis, que depois são aprimoradas com base nas interações reais. E, no caso de determinado produto não funcionar, simplesmente o eliminam ou voltam para a fase de desenvolvimento e aperfeiçoamento.

70

Foco no que está funcionando agora.

20

Desenvolver e escalar iniciativas que vieram dos 10%.

10

Novas ideias que começam pequenas.

Esses novos modelos, porém, exigem uma dose de coragem, por representarem ainda uma barreira a ser transposta em modelos organizacionais com base hierárquica, bastando que haja alguém desalinhado na cadeia de decisão para tudo vir abaixo. Já diz o ditado que "a força de uma corrente é medida por seu elo mais fraco". Existe até bibliografia de guias de sabotagem corporativa, e uma das técnicas mais comuns é colocar alguém incompetente, desalinhado ou despreparado em um cargo de liderança. O medo do incerto ou desconhecido, na maioria das vezes, vai levar o líder a deter o que não entende ou querer microgerenciar aquilo que não compreende.

O tema cultura merece mais atenção e debate, pois é nele que se concentram as maiores dificuldades das empresas e de onde surgem seus maiores desafios e oportunidades.

A seguir, vamos examinar os quatro pilares mencionados no início deste capítulo. Reforço que aplicar doses mínimas de cada um não é suficiente, tampouco fazer alguns e deixar outros pelo caminho. Numa analogia médica, remédio além do necessário não tem o efeito desejado, podendo até causar uma overdose, que pode levar à morte do paciente.

Você reparou que não relacionei tecnologia como nenhum desses pilares? Lembro de uma pessoa da área de tecnologia na Diageo que sempre dizia estar chegando para a reunião com várias novas tecnologias para oferecer. Minha reação imediata era questionar se ela sabia qual era o problema que tínhamos no negócio. A resposta era "não". Entendeu? De nada vale o acesso às melhores tecnologias se elas não estão a serviço do seu negócio e as pessoas não estão preparadas para lidar com elas.

Pessoas

Escutei muitas vezes que a melhor solução para acelerar uma jornada de transformação digital seria contratar muitos especialistas digitais e, preferencialmente, jovens, pois, quanto mais jovens, melhor.

Não acredito que essa seja a solução, e tentativas frustradas de algumas empresas só reforçaram essa minha crença. Aprendi ao longo dos anos um princípio que mantenho até hoje e que diz: o melhor caminho será o de converter os colaboradores em profissionais que saibam pensar e operar em um mundo digital.

Esse princípio implica em apresentar os novos desafios e possibilidades a todos, observando aqueles mais aptos e com desejo de aprender. A experiência não pode ser desconsiderada ou desmerecida.

Existia uma crença há alguns anos que foi responsável pela desaceleração de algumas iniciativas de transformação digital. Essa crença era baseada na premissa de que as novas gerações, já nascidas em um mundo digital, entrariam no mercado de trabalho com todas as respostas.

Apesar de serem nativas digitais, essas pessoas ainda não têm a maturidade profissional, a mentalidade estratégica e a experiência em liderança das gerações anteriores.

Portanto, os comportamentos e habilidades necessários para pensar e operar num mundo digital devem ser listados e alinhados entre a liderança e, na sequência, servirem de base para um diagnóstico nos colaboradores. Quantos apresentam o que é necessário? Quantos precisam ser desenvolvidos? Quantos terão dificuldade e precisarão ser desligados?

Um grande banco multinacional, entendendo que evoluir digitalmente era uma questão de sobrevivência, criou um programa de treinamento com referências no pensamento digital. Após o curso, submeteu todos a uma avaliação, e aqueles que não atingiram notas mínimas foram desligados da empresa. Cruel? Se formos paternalistas, sim. Entretanto, se considerarmos que as empresas são formadas por pessoas, e algumas delas não conseguirão acompanhar as novas dinâmicas exigidas pelo mundo e mercado, não. Antes dessa atitude mais drástica, é importante que oportunidades e alertas sejam dados.

Recrutar profissionais também passou a ser um desafio. No passado, a formação universitária funcionava como um indicador de trilho de possibilidades de carreira para uma pessoa. Os recrutadores, munidos de uma descrição de cargo e o modelo de cultura da empresa, saíam atrás de profissionais que se encaixassem nesse molde.

Mas tudo mudou. O mundo está muito mais complexo. Construir um modelo do colaborador ideal hoje é bastante desafiador e desnecessário. As empresas estão a serviço dos seus consumidores e, sem eles, não têm razão de existir, logo, precisam refletir uma diversidade equivalente dentro de sua estrutura organizacional.

Acolher origens, formações e pensamentos diferentes é a melhor forma de conectar-se a esse mundo mais plural e conectado.

"Importante a questão de diversidade e inclusão, indo além do gênero, falando da diferença de pensamento. Em ambientes com maior diversidade, as discussões são mais ricas e riscos são tomados com maior tranquilidade pelos diversos pontos de vista."

Tatyana Freitas,
diretora executiva da Russell Reynolds Associates

Outro ponto importante a ser considerado é o modelo de remuneração. Diferentemente do mundo empreendedor, o corporativo é construído e regido por procedimentos mais rígidos. O salário estável e o organograma vertical, com áreas bem estruturadas e separadas por responsabilidades definidas e funções descritas com o maior detalhamento possível, incentivam o isolamento, não a colaboração. Somam-se a esses fatores os percentuais de bônus ou participação nos resultados baseados em indicadores sobre os quais os colaboradores nessa dinâmica têm baixo ou nenhum controle.

Essa organização da remuneração tem forte tendência a desincentivar o empreendedorismo corporativo. Explico: objetivos prescritos, tais como numa bula de remédio, para uma determinada função, com bônus atrelado a diversas variáveis, nas quais não se consegue interferir ou influenciar o resultado, geram resiliência e acomodação. E pior: se alguém aparece com planos ou propostas ligados a algo inovador, que vão além das divisões de responsabilidades e papéis, tende a ser podado pelos mais acomodados. Afinal, tomar risco para quê? Grandes chances de haver alguma punição, pequena chance de conseguir impacto.

No mundo empreendedor, as responsabilidades e funções são **143** mais fluidas, permitindo que os colaboradores gravitem entre áreas e papéis.

A remuneração precisa estar atrelada à performance e combinar impacto individual e coletivo, com indicadores mais definidos para a empresa, suas divisões e áreas.

Nesse ambiente corporativo, é muito comum a formação de equipes multidisciplinares para projetos de inovação. A mentalidade é que o grupo precisa ter uma pessoa de cada área potencialmente envolvida ou impactada pelo projeto, ainda que ela não tenha a habilidade ou o conhecimento necessário.

Em contrapartida, no ambiente empreendedor, essas equipes são denominadas *squads* (equipes multidisciplinares reunidas para resolver uma tarefa), formadas com base nas habilidades requeridas para trabalhar no desafio proposto, não importando de qual área ou posição.

Iniciativas de intraempreendedorismo geralmente têm gestação superior a 1 ano, e ainda que possam ser entregues antes desse período, sofrerão ajustes após seu lançamento, devido à interação real com as pessoas.

Com isso em mente, um potencial incentivo à inovação seria a adoção de remuneração fixa e variável, com indicadores de performance refletindo cada fase do projeto e que possam ser auferidos pela equipe diretamente.

O bônus também consideraria um período de 3 anos, ou seja, a cada ano o colaborador ganharia um percentual em dinheiro e outro em ações, ou que seria reservado para ser pago no final do terceiro ano. Dessa forma, se o negócio performa, o funcionário também será beneficiado, e vice-versa.

Existiria ainda o cuidado de, em vez de dar peso maior à velocidade da iniciativa em si, valorizar a velocidade do aprendizado adquirido pela equipe nas interações reais com consumidores.

Como já vimos, empresas como Google, Spotify, Twitter e Facebook disponibilizam aos seus usuários produtos ou serviços ainda não 100% prontos, contentando-se em lançar algo com 70% de desenvolvimento, visando aprender os últimos 30% com seus usuários mais leais e dispostos a fornecer sugestões. Tudo isso sem custo!

A parcela salarial paga de maneira variável tem o poder de conectar o colaborador imediatamente ao negócio, e passar a atuar como um acelerador de tempos e movimentos.

Durante 25 anos, passando por sete empresas diferentes, não vi nenhum sistema de avaliação que não fosse criticado, especialmente pela subjetividade de suas métricas, que muitas vezes eram diferentes no final do ano.

A palavra "feedback" gera muito desconforto em grandes organizações, afinal, implica apontar falhas e propor melhorias. As avaliações anuais deveriam ser apenas uma formalização das conversas, feedbacks e dados recebidos ao longo do ano, num processo de contínuo aprendizado.

Lembro nitidamente das caras de surpresa dos meus líderes, pares ou equipe, quando, eventualmente, os buscava e pedia feedback.

O valor da autenticidade deve ser mais celebrado. Considero o feedback como um presente recebido.

Ser honesto e autêntico é muito importante. Culturalmente, no Brasil, temos uma barreira mental para sermos diretos com o outro. Um bom exemplo dessa característica é quando você encontra um colega que não vê faz algum tempo. Provavelmente irá propor um almoço ou café para colocar as conversas em dia, que nunca acontecerá.

Temos uma cultura de buscar ser agradáveis, mas sem dizer o que pensamos, e um bom feedback precisa ser autêntico e racional, tanto para quem dá, quanto para quem recebe.

Uma gestão de pessoas com mais autenticidade e transparência, além de modelos de remuneração com maior flexibilidade, atrelados à performance, têm grande poder mobilizador do intraempreendedorismo.

Experiências

Se a transformação digital necessita estar baseada em pessoas e destinada a elas, as experiências serão uma de suas principais manifestações, e a tecnologia estará a serviço desses desafios. Entenda por experiências tudo aquilo que se cria, oferece ou agrega na vida das pessoas, sejam elas colaboradores, usuários ou consumidores.

A tecnologia, através de automação ou inteligência artificial, tem grande potencial de transformar a maneira como as empresas produzem e entregam seus produtos e serviços.

Talvez você esteja pensando: *Mas e o impacto que essa evolução ou transformação vai causar nos empregos?* Haverá impacto, principalmente, em funções mais operacionais, que poderão ser substituídas, porém novas funções vão surgir, novas habilidades serão demandadas e, com elas, novas universidades, cursos e especializações.

Em algum momento, a transformação digital atingiu, atinge ou atingirá todos nós, e isso não é uma má notícia. Temos a opção de seguir olhando pelo retrovisor e ficar parados, ou de olhar para frente, buscando novos desafios, competências e aprendizados. A escolha está nas mãos de cada um.

Gosto do termo "modernidade líquida", cunhado pelo sociólogo e filósofo polonês Zygmunt Bauman, que prega que estamos em constante transformação. Esse cenário fará surgir um novo tipo de profissional, menos preocupado em ter um emprego de carteira assinada, em uma grande corporação, com toneladas de benefícios, e mais preocupado em encontrar trabalhos ou projetos conectados com suas crenças e valores, que ofereçam uma relação mais equilibrada entre horas trabalhadas e desenvolvimento pessoal e profissional.

A experiência de trabalho será bem diferente da vivida por nossos pais ou avós.

Um olhar de fora para dentro, das pessoas para as empresas, também definirá a habilidade e o potencial de crescimento das empresas, o que é o oposto do modelo construído na era industrial. Comentei sobre isso na introdução, quando fiz a analogia entre boliche e fliperama.

Se antes as empresas criavam produtos e usavam ferramentas de marketing e comunicação para gerar uma necessidade de seu consumo, agora, essas mesmas pessoas estão cada vez menos propensas a serem impactadas por algo que não lhes seja relevante, conveniente e personalizado. Essas três palavras ganham maior relevância à medida que o mundo fica cada vez mais conectado.

De conexões somente entre pessoas, com o 5G, passaremos a uma inédita combinação de conexões entre pessoas, coisas (o automóvel que chegar ao estacionamento de um shopping vai conectar-se automaticamente e encontrar sozinho uma vaga para estacionar), e entre pessoas e coisas (a meia do seu bebê medirá sua temperatura e pulsação).

O tema privacidade já aparece como um tópico de discussão importante, afinal, a total conexão entre pessoas e coisas trará novas possibilidades e dinâmicas sociais.

Hoje, alguns países já dispõem de câmeras instaladas na maioria de suas ruas. Com o desenvolvimento tecnológico do reconhecimento facial, serão capazes de identificar o que cada pessoa faz enquanto está em algum ambiente externo. Imagine com todos os objetos conectados!

Será possível saber onde cada pessoa está e possivelmente o que está fazendo. Assustador?! Talvez. Mas aqui entra a responsabilidade, e volto a repetir as três palavras que serão fundamentais: relevância, conveniência e personalização.

Vamos examinar cada uma delas:

- **Relevância** cada vez mais nos acostumamos e esperamos produtos relevantes às nossas necessidades. A digitalização de nossas relações fará com que, a cada utilização, determinado serviço aprenda sobre hábitos e comportamentos das pessoas. Se tenho o hábito de viajar sempre nas férias de verão e costumo planejar essa viagem com seis meses de antecedência, ter estímulos e ferramentas disponíveis nessa época seria extremamente relevante, por exemplo.
- **Conveniência** ter o que precisamos no lugar e momento em que necessitamos. Sair de casa e encontrar uma bicicleta de aluguel na calçada próxima, fazer todas as transações bancárias pelo celular, ou poder usar um carro sem possuí-lo, com motorista (Uber) ou compartilhando o de outro dono (Turbi).
- **Personalização** ter algo customizado às nossas necessidades ganha cada dia mais valor, e isso não significa apenas algo com nosso nome, mas sim um serviço personalizado conforme nosso comportamento ou necessidade. No mundo 5G, o celular será um documento de identidade, personalidade e comportamento ambulante. Mesmo sem ativá-lo, irá comunicar-se com a farmácia próxima de casa e adiantar a prescrição médica, por exemplo.

Aqueles produtos e serviços que conseguirem oferecer melhores experiências, baseadas nos itens acima, terão mais êxito que seus concorrentes.

O termo e conceito de "experiência do consumidor", como visto no capítulo 9, foi criado para apoiar as organizações a desenvolver um olhar para a jornada do consumidor com sua marca.

O conceito de pontos de contato entre marca e o consumidor será levado a outro nível de integração. Entrar em uma loja física deixará um padrão registrado, fazendo com que, em uma eventual ligação para o SAC, será lembrado e ativado, buscando maior conveniência e personalização.

Existe uma grande empresa de *call center* que criou uma métrica denominada "estressômetro", em que é atribuído um indicador de estresse de acordo com o relacionamento do cliente com os sites e redes sociais da marca, combinados com contatos anteriores.

Se ele é alto, ao ligar ou conectar-se nas redes sociais, pula-se todo o atendimento automatizado e o cliente é atendido por uma célula preparada para alguém com nível de estresse alto. E tudo isso acontece em tempo real, totalmente imperceptível para o cliente, que terá um atendimento relevante, personalizado e conveniente para a sua situação.

Inovação

Curiosidade (fome de aprender, conhecer e investigar) e conexão (com o mundo exterior) são duas palavras importantes neste pilar. É muito comum as empresas se fecharem em si mesmas ou em suas próprias categorias e acabarem sufocando as duas coisas.

Desenvolver um olhar curioso para o mundo e estar em constante conexão com as pessoas e quaisquer novas tendências amplia muito a capacidade criativa e nos ajuda a entender e antecipar movimentos.

Eu sempre tive interesse e acompanhei as indústrias de conteúdo e moda, mesmo quando não trabalhava em nada relacionado a esses segmentos. Uma nova coleção de moda é pensada com muita antecedência, logo, é preciso ter um olhar muito preciso sobre tendências e cultura.

Na indústria do entretenimento é igual. Grandes produções têm uma fase de estudos e testes bastante longos, buscando acertar o que as pessoas vão querer consumir. Uma mistura de ciência com arte.

A essa altura você entende melhor por que eu digo que nossa tendência natural é conectar inovação com tecnologia, mas a raiz dela está também nas pessoas – melhor ainda, no entendimento e compreensão dos seus desejos e necessidades. Aqueles que foram ou não expressados.

Novas tecnologias são desenvolvidas para facilitar a vida das pessoas, senão não teriam futuro pela falta de adoção.

A inovação é manifestada em todos os lugares de forma contínua. Difícil saber de onde e quando vai sair algo extraordinário, mas ela certamente será precedida de alguns indicadores.

A melhor forma de mapear esses indicadores é exercer um olhar lateral e exterior do seu próprio negócio. Ir a grandes eventos, onde são discutidos e lançados novos modelos de negócios ou tecnologias, é um bom indicador.

Observe o comportamento humano com atenção. Repare e mapeie quais são as dores e dificuldades das pessoas, como encontrar um ponto de táxi ou vagas em hotéis. Duas dores solucionadas por Uber e Airbnb, respectivamente.

A transformação digital, como examinamos anteriormente, tem início e meio, mas não tem fim. Assim, a inovação será manifestada de acordo com cada um desses estágios.

Acho curiosa a avidez das grandes empresas pela tecnologia ou inovação mais sensacional e disruptiva do planeta. Existe uma excitação pelo incrível e inatingível, quando o menor, mas possível, está bem mais próximo.

Talvez essa busca seja motivada por alguma necessidade de sair dos muros corporativos e viver pensamentos de liberdade na busca do Santo Graal.

Lembro-me de um diálogo que aconteceu sobre isso:

"– Wacla, o que você acha de fazer a Singularity University? – perguntou um presidente de unidade de negócios.

– Eu acho desconectado de seu negócio – respondi.

– Mas por quê? Um colega fez e achou incrível!

– De fato, é incrível, mas a Singularity fala sobre ações e desenvolve projetos para solucionar desafios da humanidade. Você conseguirá aplicar muito pouco ao seu negócio. Eles estão buscando soluções em outra escala. Como curiosidade e para entender outras maneiras de pensar, acho bastante interessante, mas recomendo que você participe de um evento mais próximo das suas possibilidades de ação."

Quanto maior a empresa, maior a "viagem" ao futuro que seus executivos querem fazer, assim como serão maiores as frustrações caso não consigam aplicar os aprendizados em seus negócios.

Existe uma vasta oferta de eventos no Brasil e no exterior, mas recomendo sempre ter o cuidado de pensar qual será a aplicação concreta do estímulo ou aprendizado. Pode até ser que o aprendizado se manifeste num plano de 3 a 5 anos, mas isso é algo concreto.

Gosto de aplicar pragmatismo à inovação. Podemos traçar cenários para 2100, quando o homem tiver uma base em Marte, mas a pergunta que não quer calar é: será que seu negócio existirá até lá?

Por essa razão, sou fã das ciências humanas e do entendimento profundo das pessoas, assim como de suas motivações e necessidades ainda não atendidas. Daí sairão as melhores inovações, sendo a tecnologia um facilitador, mas não sua origem.

Lideranças

Tratei bastante sobre liderança ao longo deste livro, porém, como ela é um dos pilares estratégicos para uma transformação digital efetiva, vale examiná-la sob outros ângulos.

Cabe aos líderes criar um ambiente de liberdade e confiança para que os demais colaboradores possam exercer sua criatividade sem o temor de falhar.

A frase da Renata Zanuto, que compõe a epígrafe deste capítulo, é um exemplo brilhante de como a liderança pode criar um espaço no qual as pessoas podem se expor, sem o receio de julgamento.

Como liderança é um termo bastante usado, vale examinar algumas definições e conceitos.

Segundo George Terry, liderança é a atividade de influenciar as pessoas, fazendo-as se empenharem voluntariamente em objetivos de grupo.

White e Lippitt estudaram a liderança para entender diferentes estilos de comportamento entre líder e subordinados. Esses autores consideram que existem três estilos de liderança:

i **Autoritária** o líder determina o que deve ser feito;
i **Democrática** o líder consulta sua equipe nas decisões;
i **Liberal** as pessoas têm liberdade para definir e organizar suas tarefas, com participação eventual do líder.

Sem discordar das definições expostas, encaro a liderança não como um crachá ou credencial entregue a uma pessoa, mas sim como um "distintivo" conquistado e merecido.

Há em qualquer empresa, ou mesmo grupo de pessoas, como sua família ou amigos, lideranças naturais, que, independentemente de cargo, *status*, posição ou classe social, se revelam aglutinadoras e formadoras de opinião. São aquelas pessoas com quem todos gostam de conversar e se aconselhar, ou mesmo que organizam as festas ou encontros. Basta observar e você saberá identificar.

Lideranças formais e informais têm poder mobilizador dentro de uma organização, e ambas precisam ser mapeadas e alinhadas antes e durante uma iniciativa.

Identificadas essas lideranças, vamos para o segundo passo, separá-las em três grupos distintos: apoiadores, neutros e opositores, e na sequência atribuir graus de influência para o sucesso de sua iniciativa.

Na tabela abaixo, veja um modelo visual para esse exercício:

GRAU DE INFLUÊNCIA NA INICIATIVA	APOIADORES	NEUTROS	OPOSITORES
ALTO			
MÉDIO			
BAIXO			

Esse exercício se mostrará bastante útil durante sua jornada, pois você poderá fortalecer suas ideias e voz com os seus apoiadores para, com o tempo, trazer quem é neutro para dentro de sua iniciativa. Lembre-se de que os opositores têm o papel importante de mantê-lo atento e focado em sua jornada.

Agora, existem dois caminhos a seguir:

- **i** Promover uma conversa pessoal e direta com aqueles que são contrários à iniciativa, para que sejam identificadas suas barreiras ou seus desconfortos.
- **i** Pedir ajuda àqueles que apoiam sua iniciativa para abordar e procurar convencer os contrários a ela.

A combinação de ambas alternativas também é possível. Temos aqui uma condição humana, e não necessariamente racional, logo, a melhor abordagem vai variar de acordo com cada situação.

Às vezes, uma das pessoas contrárias à sua iniciativa tem posição superior à sua, logo, será necessário mobilizar alguém de posição também superior e equivalente ou superior a dela para apoiar a sua argumentação.

Vale também fazer uma reflexão sobre se tais barreiras e desconfortos são reais ou criados na sua mente. As reais precisarão ceder algum membro importante da equipe ao projeto, comprometendo sua entrega ou tendo algum outro impacto em sua iniciativa. As mentais são ligadas a crenças limitantes sobre o universo digital, e representam a grande maioria das barreiras com as quais me deparei.

É comum sermos contrários a alguma ideia por medo ou receio de que algo possa acontecer, ou porque alguém disse ter tido uma experiência insatisfatória. Sempre que houver alguma barreira intangível, ela será mental.

Certa vez, tive o seguinte diálogo com um presidente de unidade de negócios, para entender por que não investia em mídia digital:

– Digital não funciona. Preciso usar televisão para ter cobertura nacional e atingir os meus consumidores – ele disse, referindo-se ao público-alvo da campanha de comunicação na época, que tinha entre 18 e 25 anos.

– Televisão proporciona cobertura, mas não a frequência e a afinidade de que você precisa para gerar as conversas e a reverberação necessárias à campanha – argumentei.

Existia uma barreira mental nesse líder, por estar baseando sua decisão apenas em dados históricos, desconsiderando novos fatos e dados de mídia. Ele sentia-se inseguro de experimentar algum modelo diferente, colocando em risco os resultados históricos que alcançou no passado. A possibilidade, mesmo bastante favorável, de conseguir melhores resultados expandindo sua compra de mídia não derrubava sua barreira mental.

Mas o que fazer para superar uma barreira mental? Nesse caso, negociamos fazer um investimento menor do que eu acreditava ser necessário em mídias digitais, mantendo a maior parte na televisão.

Caso funcionasse, negociamos que ele aos poucos ajustaria seus investimentos nos planos seguintes, até alcançarmos um balanço ideal.

Aprendi que a imposição não funciona quando existem barreiras mentais, não importando com quem seja. Se a liderança não está convencida, possivelmente encontrará uma maneira de deter ou sabotar a jornada do intraempreendedor.

No capítulo 8, examinamos a diferença de flexibilidade e adaptabilidade. Buscar flexibilidade não irá mudar um comportamento, sendo melhor trabalhar para pequenos avanços, que irão construir novos modelos mentais e uma adaptação a novos contextos.

A seguir, iremos juntar todos os aprendizados examinados até aqui, através de uma metodologia que desenvolvi para planejar, gerir e monitorar iniciativas de intraempreendedorismo.

ACOLHER ORIGENS, FORMAÇÕES E PENSAMENTOS DIFERENTES É A MELHOR FORMA DE CONECTAR-SE A ESSE MUNDO MAIS PLURAL E CONECTADO.

4

UM MÉTODO PRÁTICO PARA GUIAR SUAS INICIATIVAS

Líderes do futuro têm que conectar e desafiar pessoas. Os líderes são os que inventam o mundo que quereremos viver.
MARCO FISBHEN, fundador e CEO da Descomplica

Existe um ditado popular que diz que a fila dos que querem dar opinião sempre será muito maior que a fila daqueles que encaram e se dispõem a fazer. Por mais que seja útil colecionar sucessos e aprender com nossas falhas, só isso não garante êxito em futuras iniciativas.

Cada nova iniciativa traz algum novo elemento ainda desconhecido, assim, saber ouvir e testar novos atalhos, caminhos, ferramentas e soluções me fez evoluir e permanecer em constante estado de aprendizado.

Quem busca se testar e se atualizar age assim. Com o tempo, vamos codificando formas e metodologias que nos ajudam a encarar o próximo desafio com mais confiança, e até antecipar situações que, em pouco tempo, tendem a se tornar recorrentes.

Muitos *cases* bem e malsucedidos de projetos que acumulei vieram-me à cabeça no momento em que me desafiei a escrever este livro. Examinando tudo, não pararam de pipocar aprendizados e metodologias que eu poderia ter usado na época em que vivi os tais *cases*.

Apesar de cada iniciativa ter um objetivo, resultado e métrica individual, consegui identificar quatro grandes etapas comuns a qualquer iniciativa, que me ajudam até hoje a planejar e organizar novas iniciativas.

Conversando com outros intraempreendedores, notei que a organização mental deles era bem parecida com a minha, o que me deixa bastante seguro de propor esse modelo ou metodologia.

A essa metodologia dei o nome de CICA, sendo que cada letra representa a inicial de uma ação importante a ser executada numa iniciativa de intraempreendorismo:

C Contexto (interno e externo)
I Iniciativa (projetos)
C Cultura (pessoas)
A Alcance (impacto nos negócios)

Similar a outras metodologias, como os funis de marketing ou vendas, aqui temos uma sequência de etapas, dependentes entre si.

A diferença é que nesse caso elas estão ordenadas em forma de jornada ascendente, como uma subida de escada. A seguir, ilustrando uma dessas jornadas rumo ao impacto no negócio, aqui representado pelo alcance:

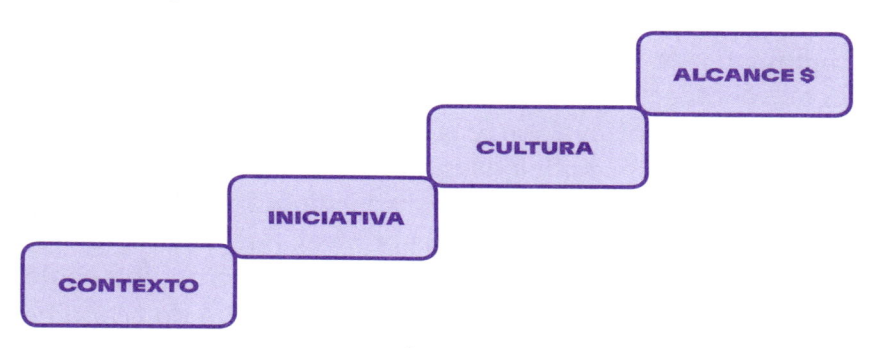

Iniciar um projeto somente pelo ímpeto da iniciativa, sem uma avaliação detalhada dos contextos interno e externo, pode comprometer sua viabilidade. Uma ótima iniciativa, sem contexto propício, tem boas chances de não dar certo.

Para ilustrar como essa metodologia é aplicável em diferentes negócios, empresas e contextos, perguntei ao Marcos Angelini, presidente da Red Bull na América Latina, sobre um exemplo de sucesso em sua jornada de intraempreendedor.

Note como ele naturalmente divide o *case* em análise de contexto, definição da iniciativa, cultura e alcance e impacto no negócio.

CASE UNILEVER "Quando eu cheguei no Brasil, era responsável pelo negócio de *home care*, que era a maior operação no mundo e com enormes problemas. Estávamos perdendo participação de mercado, recebendo muitas reclamações de qualidade e a concorrência tinha lançado o formato líquido, deixando a gente atrás. Fizemos várias coisas para dar uma virada, mas uma em especial me dá muito orgulho até hoje. Eu tinha um par que liderava *home care* para América Latina, com seus recursos e verbas, e que se ocupava com os temas de inovação, lançamento de novos produtos e da comunicação para as marcas, enquanto eu, no Brasil, era responsável pela execução, vendas, marketing local etc.

Em um momento, chegamos à conclusão de que não era possível fazer o que queríamos. Sabíamos com muita certeza o que precisava ser feito para virar o jogo, mas não tínhamos recursos suficientes. Então, um plano que levaria 1 ano para ser feito com os recursos adequados levaria 2 ou 3 anos com o que tínhamos disponível. Assim, surgiu uma ideia que mudou o jogo: constatamos que a equipe regional tinha uma série de recursos e uma carga de trabalho que variava de acordo com o calendário de lançamentos e criação de novas campanhas de comunicação, o que era completamente diferente nos tempos do calendário local, que tem seu maior esforço para implementar coisas. E se a gente colocasse pessoas do mercado local para ajudar nos momentos de pico de trabalho do calendário regional? E vice-versa? A gente mapeou os dois calendários, olhando para os picos e vales de trabalho de cada equipe, e formou um novo modelo de trabalho, o qual denominamos *dynamic resources allocation,* que depois virou uma prática global da empresa, implementada em todo o mundo e incentivada pelo CEO global, que adorou a iniciativa.

Com esse processo, conseguíamos entregar entre 20 e 30% a mais de produtividade das pessoas."

A seguir, vamos examinar cada uma das quatro etapas dessa metodologia que pode ajudar você a planejar suas iniciativas, mobilizar os recursos necessários e até relatar seus *cases* no final.

CAPÍTULO 13
CONTEXTO

Entender os contextos político, econômico, de mercado e das pessoas, sejam elas consumidoras ou compradoras, é essencial antes de iniciar qualquer projeto. Baseá-lo somente em uma necessidade interna, sem ouvir e entender seu público-alvo, pode se tornar um grande equívoco.

O contexto interno, no entanto, deve ser bem mapeado. Já vi iniciativas congeladas ou canceladas pela falta de entendimento e alinhamento internos. A dica aqui é estar sempre em sintonia com os grandes pilares de crescimento da organização, pois neles haverá atenção e investimento. Em empresas multinacionais, tenha atenção também às agendas globais e regionais.

"O jeito de gerir negócios é algo que muda a cada dois minutos, mas que, durante muito tempo, era padrão. Era apertar botão e repetir. Não mudava porque era assim que se ganhava escala. Por essa razão áreas de inovação tiveram que ser abertas."

Carol Romano,
cofundadora da Maker Brands, The Mind Factor e idealizadora da Jornada da Felicidade

A seguir, vamos examinar ambos os contextos mais detalhadamente.

Contexto externo

Estamos passando por um ponto de virada, conforme descreve o jornalista britânico e autor best-seller Malcolm Gladwell em seu livro *O ponto de virada* (Editora Sextante, 2011).

Para validar essa tese, proponho fazermos uma viagem ao passado e regressar ao presente em etapas, examinando alguns pontos de virada, quando nossa percepção sobre o conceito da palavra "valor" mudou de significado.

Essa viagem começa no início do século passado, que vou chamar de "Era do Espaço". Não o espaço sideral, que paira sobre nossas cabeças, mas, literalmente, aquele onde pisávamos.

O valor nessa era se definia por:

- Posse, extração e comércio de bens primários, como aço, ferro e petróleo;
- Multiplicação das fábricas e de seus trabalhadores braçais em linhas de montagem;
- Força do "eu ganho e você perde", com a explosão da Primeira Guerra Mundial, quando milhares de pessoas morriam em disputas por centímetros de terra.

ERA DO ESPAÇO

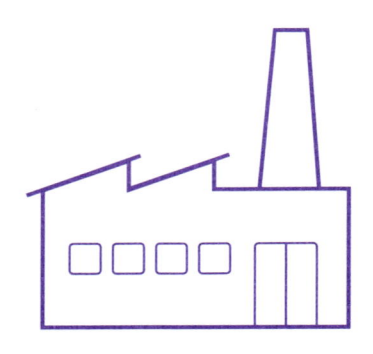

1. MERCANTILISMO
2. CONQUISTAS
3. ERA INDUSTRIAL
4. TRABALHADOR DE FÁBRICA
5. PETRÓLEO, AÇO, ESTRADAS DE FERRO

Uma nova Era surge nos anos 1950, após terminada a ressaca da Segunda Guerra Mundial. Nela, o *valor* passa a ser definido pelo *tempo*.

Nesse período, surgiu a indústria dos eletrodomésticos. A humanidade estava em um novo ritmo, agora mais acelerado. Ter um aspirador, batedeira ou lava-louças significava economia de tempo e aumento de produtividade.

O trabalho intelectual aparece nessa Era com a multiplicação dos escritórios, gerido por profissionais que usavam o intelecto, não a força bruta. As indústrias de mídia, finanças, televisão e publicidade, que eram ainda incipientes, ganham grande atenção e protagonismo.

Uma ótima referência para quem quer entender esse período é o seriado *Mad Men*, cujas sete temporadas retratam muito bem a dinâmica dessa Era, com um olhar a partir do mundo da publicidade nos anos 1960.

ERA DO TEMPO

1. TEMPO É DINHEIRO
2. PRODUTIVIDADE
3. ECONOMIA DE SERVIÇOS
4. TRABALHADOR DE ESCRITÓRIO
5. MÍDIA, FINANÇAS, ADVERTISING, TV

O mundo segue em aceleração, e um novo *boom* de desenvolvimento econômico é alcançado com a indústria de mídia chegando em seu ápice, alcançando milhões de pessoas.

O valor passa agora a ser extraído pela capacidade de as marcas atingirem as pessoas e convencê-las a consumir cada vez mais. *Atenção* passa a significar *valor*. A televisão e outras mídias de massa agora têm cobertura global e a capacidade de mobilização de massas. A tecnologia, cada vez mais acessível, abre novas possibilidades, deixando para trás um mundo de escassez.

Surgem as primeiras start-ups, modalidades de empreendedorismo e um novo tipo de trabalhador, agora especialista, como cientista de dados, marketing digital, gestor de projetos, gestor de redes sociais etc.

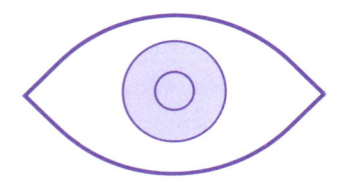

1. "EYEBALLS"
2. INOVAÇÃO
3. INFORMAÇÃO
4. START-UPS
5. TRABALHADOR COM CONHECIMENTO
6. INTERNET, MOBILE, SOCIAL, TECNOLOGIA

Seguindo a lógica do ponto de virada, tenho convicção de que estamos no limite da Era da Atenção, iniciando uma nova Era, mesmo sem perceber. Vou analisar a seguir grandes fatos e comportamentos para validar essa tese.

A disputa pela atenção das pessoas tem sido cada dia mais feroz, porém o *boom* tecnológico nos empoderou e permitiu contra-atacar diante desse excesso de estímulos e informações.

Possuímos cada vez mais ferramentas para bloquear esse bombardeio de informações e estímulos indesejados de nosso dia a dia.

O desenvolvimento tecnológico alcançou um patamar inédito. Já vivemos em tempos de abundância, em que temos acesso e disponibilidade de informações sem precedentes.

Lembra-se dos conceitos de relevância, conveniência e personalização, que examinamos anteriormente? Repare como eles fazem cada vez mais sentido se comparados aos tempos da Era da Atenção, na qual éramos guiados ao que fazer ou consumir. Produtos e serviços eram genéricos, sempre buscando satisfazer o maior número de pessoas, facilitando produção, distribuição e comunicação.

As redes sociais nos aproximaram de pessoas antes inatingíveis. Falar com o presidente da república, um esportista ou artista famoso está a um clique de distância em qualquer rede social.

Deixamos de ser apenas audiência e passamos a ter a possibilidade de sermos produtores de conteúdo.

A explosão do número dos influenciadores digitais mostra que basta uma ideia relevante para construir, mobilizar e influenciar uma audiência. Se nas Eras anteriores *possuir* tinha grande valor, agora *acessar* tem muito mais.

Surgem e se multiplicam empresas que transacionam serviços de terceiros. Já podemos acessar um meio de transporte de diversas maneiras: com um motorista (Uber ou 99), alugando e pagando pelo tempo de uso (Turbi), alugando de outra pessoa como nós (moObie), alugando para pequenas distâncias (Yellow), e tantos outros disponíveis e que ainda serão criados.

Repare que essa proliferação de serviços se dá em diversos setores como de alimentação (iFood, NotCo), turismo (Expedia, Decolar), financeiro (Nubank, Guiabolso), médico (Dr. Consulta, Sibrare), habitação (Quinto Andar, Loft), educação (StartSe, eduK), comunicação (Zoom, Hangout), entretenimento (Netflix, DAZN), entre outros.

Na carona desse novo contexto, aparece um trabalhador agora mais preocupado com seu estilo de vida e com sua conexão com o propósito e modelo de negócios da empresa para a qual irá trabalhar. *Coworkings* se multiplicam. Colaboração passa a ser uma palavra de ordem.

Se antes os custos para se abrir um negócio eram altos, agora, o amplo acesso a ferramentas digitais, tecnologias de hospedagem em nuvem e modelos de financiamento coletivo tornou o empreendedorismo muito acessível.

Antes, abrir um negócio requeria muito capital financeiro, agora, apenas com capital intelectual é possível prestar serviços. Novas modalidades de trabalho também surgem, como o trabalho remoto e o contrato por tempo determinado.

Reparou quantas mudanças já aconteceram e dispararam uma outra dinâmica ao nosso redor? Por isso, acredito que já estamos no início de uma nova Era, na qual o valor será dado pelo entendimento do *contexto*.

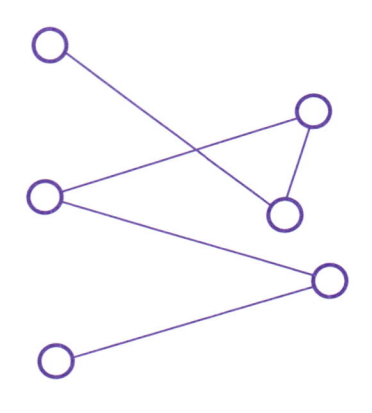

ERA DO CONTEXTO

1. EXCESSO DE INFORMAÇÃO
2. ESCOLHAS E FLEXIBILIDADE SEM PRECEDENTES
3. BARATO, MOBILE, *CLOUD-BASED, TECHNOLOGY*
4. *LIFESTYLE BUSINESS*
5. COLABORAÇÃO
6. *FREELANCING & CONTRACTING*

Em Eras anteriores, a escassez tornava as empresas dependentes de outras para alcançar seus clientes. Para falar com alguém, era preciso ter uma operadora de telefonia, por exemplo. Para ter acesso ao conhecimento, era preciso matricular se em uma escola. Para viajar, era preciso ir até uma agência de viagens.

Se em Eras passadas o *controle* era importante, temos aprendido o valor e o potencial da *colaboração*. O controle das enciclopédias ou meios de comunicação sobre a informação deu lugar à Wikipédia, com informações sendo trazidas pelos próprios usuários, ou ainda o Kickstarter, plataforma em que qualquer um pode apresentar uma ideia e levantar fundos para executá-la. Novos desafios também surgiram, como as fake news, é verdade.

A *posse* deu lugar ao *acesso*. Novos modelos de negócio, como Airbnb ou Zipcar, demonstram que podemos acessar um imóvel incrível, onde e quando quisermos, e ainda irmos no carro de algum desconhecido. Bens materiais se converteram em formas de ganhar ou recuperar dinheiro.

Nossa mentalidade de observar o mundo de maneira vertical, a partir de uma lógica hierárquica, ganha dimensões cada vez mais horizontais. Grupos se formam e se manifestam. Minorias se conectam e se fortalecem.

Nosso hábito de consumir conteúdo, que foi treinado e formado para ser sequencial, passa a ser randômico. Se antes precisávamos esperar para assistir determinado filme, novela ou noticiário, hoje, temos liberdade de ver na hora de maior conveniência e na tela que nos agrada mais. E, melhor, plataformas, como Netflix, HBO Max ou Prime Video, a partir de nossos hábitos de consumo de conteúdo, passam a propor outras opções. Personalização em escala.

Essa nova Era será caracterizada por três grandes comportamentos, que tem se manifestado cada dia mais:

Simplicidade: as pessoas buscam soluções (produtos ou serviços) mais simples e fáceis de usar. Repare que, quando precisamos entender ou decodificar algo, estamos cada vez mais impacientes. Muitas vezes, abandonamos e buscamos algo mais simples.

Personalização: ser tratado como mais um entre muitos tem se esgotado. Queremos ser entendidos e atendidos pelo nome. Conforme o mundo avança em sua digitalização, deixaremos cada vez mais "pegadas" ou informações por onde passamos e, em troca, iremos cada vez mais exigir serviços e produtos mais personalizados. O tema privacidade também ganhará cada vez mais relevância.

Contexto: esperamos que qualquer serviço que nos aborde entenda nosso contexto, que pode ser bastante fluido. Se estou buscando destinos para férias com a família, quero ser servido com tudo o que cerca essa necessidade (destinos, transporte, local para ficar, onde comer, o que fazer, o que comprar, o que visitar etc.). Na Era da Informação, éramos (e ainda somos) bombardeados por mensagens e estímulos, completamente fora de contexto. Agora, imagine se a sua empresa conseguisse oferecer o serviço certo, no momento ideal e para a pessoa correta? Bingo!

"A intermediação talvez seja um dos pontos que emperra as empresas grandes de dar saltos. Existe uma

série de controles, pontos de checagem e temas regulatórios que não matam, mas dificultam a velocidade das transformações."

Tatyana Freitas,
diretora executiva da Russell Reynolds Associates

Uma avaliação diligente e precisa do ambiente externo será, portanto, muito importante para que você consiga entender os desafios e oportunidades que o mundo apresenta.

Contexto interno

Nesse olhar que fizemos pelo retrovisor, analisando a evolução do mundo segundo sua percepção de valor, fica evidente que cada Era tem sido cada vez mais curta, e a velocidade das evoluções, cada vez mais rápida.

Esse contexto externo mais fluido apresenta, portanto, novos desafios às empresas, seus processos, suas estruturas e seus modelos de negócios. Sem uma leitura e evolução equivalente de negócios, haverá uma distância e desconexão cada vez maior entre contextos, causando impactos perigosos aos negócios.

Agora, como você avaliaria a velocidade de evolução das empresas para aproximar seu modelo de negócios a esse contexto externo?

Pode parecer absurdo, mas ainda são pouquíssimas as empresas que têm contextos externos e internos razoavelmente alinhados. A grande maioria está vários passos atrás.

"É interessante que, quando a gente circula e conversa com as pessoas pelo mercado, todos descrevem suas empresas como uma mistura da NASA com uma empresa do futuro, como a Tesla. Quando você chega perto, parece mais com um armazém de secos e molhados. Ver uma transformação real e profunda como a que estamos vivendo é muito rico, o que não quer dizer que é fácil ou indolor, mas ela inevitável."

Fernando Luna,
jornalista, ex-diretor editorial na Editora Globo e na Trip Editora

---

Como já examinamos, o fator cultural é essencial para qualquer iniciativa de intraempreendedorismo, e essas iniciativas serão essenciais para ajudar as empresas a acelerar seu ritmo. Logo, avaliar e atuar sobre o ambiente interno será mais importante que ficar apenas acompanhado o que acontece fora. Pouco adianta ter as melhores avaliações e previsões de cenários se não consigo atuar e ativar movimentos dentro da empresa.

Existe uma palavra bastante usada, mas que precisa ser melhor entendida e praticada: alinhamento. O alinhamento pode fazer total diferença nas dinâmicas interpessoais dentro das empresas.

Ao longo da minha carreira entendi que existe uma diferença enorme entre concordar e estar alinhado com outra pessoa.

Estar de acordo ou concordar significa unanimidade de opinião dentro de um grupo de pessoas. Cada uma delas genuinamente acredita na decisão e nas ações a serem tomadas, ou seja, existe uma sintonia entre decisões pessoais e do grupo maior.

Estar alinhado, por outro lado, significa que não existe, necessariamente, consenso dentro de um grupo de pessoas. Algumas pessoas concordam e outras discordam da decisão, mas, pelo bem comum e acreditando que um resultado melhor pode ser atingido, os que discordam se alinham aos demais e apoiam a decisão, que deixa de ser individual e passa a ser do grupo.

Estar em alinhamento é uma regra de ouro para a liderança em tempos voláteis como os que vivemos, ou a empresa vai sofrer com a inércia e brigas internas.

Engajar-se nesse princípio, porém, não é nada fácil. Ele requer altos níveis de confiança entre as pessoas, afinal, apenas em um ambiente assim encontramos liberdade e transparência para que se manifestem inquietações, sem a geração de conflitos pessoais.

Muitas vezes, participei de iniciativas em que não estava 100% de acordo com tudo, mas, pelo bem do resultado e do grupo, cedi para avançarmos. Note que você não precisa estar sempre certo. Permita-se ser surpreendido, apoiar os outros e ser levado em novas possibilidades.

"No topo dos silos, deve haver alinhamento, e isso desce na organização numa velocidade incrível com 50% do trabalho já feito. Se no topo há um sinal negativo de discordância, não tem como, todas as pessoas debaixo vão atuar, refletindo esse mesmo sinal em seus níveis equivalentes."

Marcos Angelini,
presidente da Red Bull na América Latina

Habilidades que em Eras passadas eram pouco valorizadas ganham mais espaço e diferenciação, como a criatividade, questionamento, tolerância à falha, curiosidade e capacidade de operar em equipes multidisciplinares.

Novos cargos surgirão ou serão reformatados. Posições criadas para Eras passadas e que refletiam uma dinâmica mais lenta de mudanças sofrerão revisões.

O *Chief Technology Officer*, ou diretor de vendas, por exemplo, que era responsável apenas pela parte de tecnologia e infraestrutura nas empresas, precisará possuir também novas habilidades, como entender sobre o negócio e sobre a experiência do usuário (UX) e do cliente (CX).

O diretor de vendas que, historicamente, sempre foi muito dedicado à construção de marcas e comunicação, precisará agregar conhecimentos e habilidades em tecnologia e serviços, além de entender a experiência completa do cliente (cx) em seus múltiplos pontos de contatos com a empresa e suas marcas. Ele também precisará ter familiaridade com tecnologia, transformando sua gestão de equipes, canais e performance.

Mesmo atividades bastante tradicionais sofrerão recalibrações, como o desenvolvimento de campanhas de comunicação e mídia, que deverão também ser alimentadas pelos dados, aprendizados e *insights* gerados pelas interações com clientes, usuários ou consumidores.

 **Se quiser saber mais sobre os conceitos de UX e CX, assim como organizá-los estrategicamente, é só acessar meu artigo a respeito desse tema pelo QR Code.**

Canais de vendas diretas ou e-commerce passarão a ser mais significativos para os negócios, o que demandará a contratação de uma gama de profissionais com habilidades diferentes do convencional e especializados em ux, cx e performance, até então pouco valorizados pelas empresas mais tradicionais.

Funções clássicas como as conhecemos pouco a pouco serão redefinidas, e novas habilidades e comportamentos serão exigidos. Numa empresa de educação, o diretor de marketing poderia virar o diretor de experiência dos alunos, por exemplo.

Modelos de remuneração, portanto, precisarão ser revistos, visando incentivar pensamentos e atitudes conectados com os resultados dos negócios e com visão a longo prazo. Os modelos vigentes de salário fixo com bônus anuais tiram o incentivo do intraempreendedorismo.

Cumprir os papéis básicos, explicados nas descrições de cargos, e alcançar as metas anuais (muitas vezes subjetivas) garantem bônus aos colaboradores das empresas. Premia-se a manutenção de uma cultura de estabilidade, e não de inovação, que traz maiores riscos, mas também maiores possibilidades.

Reitero que o salário mensal de todos os colaboradores deve ter algum componente variável, conforme sua função. Alguém responsável por crescimento (vendas) pode ter um percentual maior de remuneração variável. Porém, quem cria, planeja, administra ou mesmo produz algum produto, por municiar as equipes de vendas, deveria também ter o seu percentual de remuneração variável.

Dessa forma, as áreas seriam impelidas a colaborar mais, pois teriam na remuneração variável um fator propulsor. Prefiro não recomendar nenhum percentual, pois acho isso discricionário a cada empresa.

Apenas incentivo a adoção desse modelo, como forma de conectar toda e qualquer função aos resultados do negócio, gerando um senso de pertencimento e corresponsabilidade.

De acordo com a natureza da empresa, os bônus são pagos anualmente ou a cada trimestre ou semestre. Sou também favorável a uma revisão desse modelo. Por quê? Essa dinâmica força que os colaboradores mantenham um olhar nas metas de curto prazo. Muitos dizem: "Desenvolver em alguma iniciativa que possa comprometer o bônus trimestral, semestral ou anual? Nem pensar!".

Coleciono uma dezena de casos em que demorei meses para iniciar projetos que faziam total sentido para as empresas, mas que não recebiam apoio ou recursos, já que, por terem ciclos mais longos de desenvolvimento, não traziam impacto aos negócios no curto prazo, isto é, afetariam o bônus anual das pessoas.

Essas pessoas estavam erradas? Certamente não. O sistema de remuneração é que não favorece o intraempreendedorismo, e é por isso que, nas empresas onde passei, conversava bastante com as lideranças de recursos humanos.

Uma solução para incentivar o intraempreendedorismo e destravar ideias de inovação é a adoção de bônus de mais longo prazo, eliminando essa pressão do curto prazo.

Inovação implica risco e desconforto, lembra? Então, precisamos criar uma estrutura de remuneração que permita correr riscos e aprender com as falhas, eliminando punições sem sentido e buscando resultados sustentáveis.

As empresas da nova economia têm como boa prática a distribuição de participação nos negócios por meio de ações que podem ser resgatadas após períodos de 3 a 5 anos. Isso gera um senso de comprometimento grande, afinal, o colaborador passa a ser "sócio" de onde trabalha, e precisará garantir o sucesso de sua empresa para ser melhor remunerado.

Podemos ir até mais longe e refletir sobre os benefícios indiretos oferecidos tradicionalmente. Algumas empresas, como a Uber, não oferecem carro, mas sim um valor para utilização de transporte por aplicativo. Jornadas de trabalho mais flexíveis, escritórios menores e mais funcionais. A tecnologia permitirá cada vez mais melhorias na qualidade das conexões. O desejo de trabalhar em empresas por anos dará lugar ao trabalhador por projetos, freelancer, que se une a atividades com as quais acredita poder contribuir.

Algumas áreas serão reduzidas, terceirizadas ou até extintas. O serviço de atendimento ao cliente, por exemplo, tem sofrido uma grande evolução tecnológica. Áreas de tecnologia em algumas empresas têm sido reduzidas, mantendo-se a estratégia e terceirizando-se a operação, que tem um custo alto de manutenção.

Como consultor, visitei uma empresa multinacional de educação que tinha o desafio de implementar uma equipe de criação e gestão de conteúdo digital, mas não contava com colabores com essas habilidades.

Questionado sobre como resolver essa questão, propus a contratação de uma equipe externa pequena, especializada nesse assunto, que pudesse ser incorporada por seis ou nove meses, dentro dos quais, além de criar os processos e metodologias, seria responsável por identificar colaboradores aptos a substituí-los quando acabasse esse período.

Temos ainda a crença limitante de que tamanho de equipes equivale a poder, sendo que a agilidade e a capacidade de pensar diferente são o que nos trará verdadeiras vantagens competitivas.

Agora, imagine o nível de tensão interno. Na cabeça de cada pessoa existe um cenário potencial. Se para alguns (acredito que poucos) esse futuro incerto é encantador, para muitos ele é assustador. E é por essa razão que entender e mapear o contexto interno é tão importante. Ter consciência do que acontece fora não é o suficiente para mover a agenda das transformações.

DEIXAMOS DE SER APENAS AUDIÊNCIA E PASSAMOS A TER A POSSIBILIDADE DE SERMOS PRODUTORES DE CONTEÚDO.

CAPÍTULO 14
INICIATIVA

Como deve ter notado, reduzir um processo inteiro para quatro grandes etapas demanda bastante rigor em cada uma delas. E é somente a partir desse rigor que a análise contextual será capaz de oferecer uma base sólida de dados, informações, *insights* e hipóteses necessárias para que seja, a seguir, definida e detalhada a iniciativa a ser levada adiante.

A primeira etapa dessa fase será definir a visão, ou seja, o objetivo futuro a ser perseguido com determinada iniciativa. Uma boa analogia para entender a visão é simular uma fotografia de como queremos que a marca, serviço ou empresa esteja no futuro. Essa descrição irá ajudá-lo a dar forma e direção a esse percurso que se fará necessário por meio da missão, que será o detalhamento dessa jornada para que seja alcançada a visão.

Para construir uma visão poderosa e motivadora, recomendo observar cinco princípios importantes:

- Imagine como você quer sua marca, serviço ou negócio em 3, 5 ou 10 anos;
- Assegure que a visão forneça foco e transparência para as pessoas;
- Escreva a visão em tempo presente;
- Use linguagem fácil e concisa;
- Garanta que a visão seja entendida pelas pessoas.

A visão será o ponto de partida de qualquer iniciativa. Isso porque o intraempreendedor vende uma promessa futura, e contagiar positivamente as pessoas é essencial para levantar os recursos e a energia necessários.

A seguir, listo exemplos da visão de marcas conhecidas de diferentes segmentos, para servir de inspiração e exemplo. Vou deixar a visão original em inglês, seguida da tradução para português.

- **IKEA** *To create a better everyday life for the many people.* [Criar um dia a dia melhor para as pessoas.]
- **Microsoft** *Empower every person and every organization on the planet to achieve more.* [Empoderar cada pessoa e organização em nosso planeta a conseguir mais.]
- **Nike** *Bring inspiration and innovation to every athlete* in the world. (*If you have a body, you are an athlete.)* [Inspirar e motivar cada atleta* no mundo (*se você tem um corpo, você é um atleta).]
- **Avon** *To be the company that best understands and satisfies the product, service and self-fulfillment needs of women: globally.* [Ser a companhia que melhor entende e satisfaz as necessidades das mulheres, globalmente, por meio de serviços ou produtos.]
- **Tesla** *To accelerate the world's transition to sustainable energy.* [Acelerar a transição global para a energia sustentável.]
- **Facebook** *To give people the power to share and make the world more open and connected.* [Dar às pessoas o poder de compartilhar e deixar o mundo mais aberto e conectado.]

Após estabelecida a *visão*, partimos para detalhar a *missão*, descrevendo e planejando a iniciativa. Para essa etapa, gosto muito de usar a metodologia de start-ups, chamada de MVP (sigla para *Minimum Viable Product*, que significa produto mínimo viável), a qual busca definir o conjunto de atributos mínimos para determinada iniciativa ser lançada e testada no mercado.

Existem várias maneiras de detalhar um projeto ou iniciativa. Gosto da metodologia do Lean Canvas usada para criar um MVP, por ser simples e caber em uma única página. Sempre acreditei no poder da síntese e em ter limitações. Ter apenas uma página nos direciona a colocar apenas o necessário.

Segue um exemplo de formulário de Lean Canvas:

LEAN CANVAS

PROBLEMA	SOLUÇÃO	PROPOSTA ÚNICA DE VALOR	VANTAGEM COMPETITIVA	SEGMENTOS DE CLIENTES
	MÉTRICAS- -CHAVE		CANAIS	
ESTRUTURA DE CUSTOS			FONTES DE RENDA	

176

Ressalto que ele não deve ser usado como fórmula ou receita para qualquer iniciativa. Existem variações desse modelo, adaptadas a cada iniciativa, mas aqui apresento um modelo que vale para a maioria delas.

Para preencher cada parte desse formulário, detalho os passos e a ordem ideal:

- **i Problema** qual é o desafio ou a oportunidade com que você se deparou.
- **i Segmentos de clientes** liste os dados demográficos e comportamentais de seus consumidores. Aqui você irá definir com quem quer conversar e a quem quer fazer chegar o seu serviço.
- **i Proposta única de valor** o que somente essa iniciativa tem ou por que ela se diferencia das existentes, aportando algo novo para o consumidor. Aqui, deve-se tomar cuidado para não reinventar a roda, como querer criar um novo aplicativo de entrega de comida. Nesse caso, por que ele será diferente de tudo o que já existe e por que as pessoas trocariam o que usam por esse?

- **Solução** o que sua iniciativa se propõe a solucionar. Importante que esse problema esteja conectado a uma necessidade real de seus consumidores.
- **Canais** quais serão seus canais de distribuição ou como o consumidor terá acesso a esse serviço.
- **Fontes de renda** quais serão as linhas de receita. Exemplos: venda em lojas, publicidade em rede própria ou de afiliados, assinatura mensal etc.
- **Estrutura de custos** quais recursos serão necessários para essa iniciativa.
- **Métricas-chave** quais serão os indicadores de sucesso. Mesmo quando se trata de algo inovador e inexistente, alguma métrica precisa ser atribuída, para que se possa acompanhar a evolução da iniciativa.
- **Vantagem competitiva** o que somente sua iniciativa possui, o que ela apresenta de novo no mercado que não pode ser comprado ou copiado.

Após definir a visão e detalhar a iniciativa através do modelo de MVP acima, você precisará definir um cronograma estimado para o desenvolvimento e a entrega de sua iniciativa. Eu costumava fazer cronogramas estimados para cada iniciativa, pois somente depois de sua aprovação sabia com maior precisão quais recursos teria disponíveis, e isso, entre outros elementos, afeta diretamente o planejamento de tempos e movimentos de qualquer iniciativa.

Lembre que o cronograma é necessário para gerar acompanhamento e dar conforto às demais pessoas e áreas da empresa, porém ele será revisado e recalibrado sempre que necessário, respeitando a metodologia que você decidiu adotar para essa iniciativa.

Por último, vale fazer uma ressalva importante. Há pouco, eu propus metodologias para iniciativas de média ou alta complexidade, como transformações digitais. No entanto, em alguns casos, será por intermédio das pequenas iniciativas ou projetos, muitas vezes táticos e pontuais, que o intraempreendedor irá pavimentar sua confiança – assim como a da organização – para iniciativas de maior envergadura e risco.

Um bom exemplo ocorreu quando reparei que cada mercado (eram doze) e marca (eram oito) utilizava um ou mais indicadores de sucesso para monitorar sua performance em redes sociais. Imagine a complexidade para monitorar, consolidar e estabelecer padrões de ação num contexto assim.

Alinhei com todos os mercados uma iniciativa que duraria três meses e que teria como visão encontrar uma "supermétrica", capaz de consolidar os diversos indicadores vigentes em apenas um. Dessa forma, poderíamos todos finalmente comparar, monitorar e aprender com maior agilidade, por usarmos o mesmo indicador. Esse indicador ficou vigente por alguns anos e foi considerado modelo global até para outras empresas.

Essa iniciativa trouxe um ganho imediato e tangível a todos, além de ilustrar como operar em colaboração era poderoso. Começar pequeno é uma forma inteligente de educar a organização para um processo de evolução, sem correr grandes riscos.

"A colaboração e a horizontalidade ainda são muito mal compreendidas, porque estamos muito acostumados com a cultura de ascensão de carreira como indicador de ser alguém de sucesso. Ainda não existe ser alguém de sucesso por fazer parte de um grupo. Ser alguém de sucesso ainda é destacar-se do grupo."

Carol Romano,
fundadora da Maker Brands, The Mind Factor e idealizadora da Jornada da Felicidade

Note que, nessa etapa, o intraempreendedor precisará fornecer uma estimativa de alcance e impacto no negócio como forma de liberar os recursos necessários.

TENHA UMA VISÃO CLARA, COMPARTILHADA E ALINHADA ANTES DE COMEÇAR QUALQUER INICIATIVA.

CAPÍTULO 15
CULTURA

Esta será a mais desafiadora de todas as quatro etapas, assim como a mais importante dessa metodologia, pois será nela que surgirá o confronto entre o novo e arriscado *versus* o tradicional e comprovado historicamente, conforme já examinamos anteriormente.

Em iniciativas de maior porte e impacto, também será a etapa mais longa e complexa, pois será nessa fase que o intraempreendedor precisará cooptar aliados, convencer pessoas, somar esforços e ajustar a velocidade de seu projeto à velocidade de aprendizado da empresa.

A cultura, numa analogia visual, seria a parte que não vemos de uma árvore. Suas raízes são até maiores que a parte que fica fora da terra, e são responsáveis por sua sustentação e alimentação. É nessa base ou raiz que está a cultura de uma empresa, muitas vezes expressa por valores ou palavras não declarados nos quadros de visão, missão ou conduta corporativos.

Agora, vou contar uma coisa que irá causar um grande desconforto, mas é a mais pura verdade. A cultura de uma empresa sempre prevalecerá quando existir um conflito contra qualquer indivíduo ou grupo interno. O padrão cultural tratará de bloquear ou até expelir aqueles que não se adaptam.

Em uma das empresas em que trabalhei, fui contratado por não pertencer e refletir à cultura vigente, como esperança de ser um agente de mudança dentro da empresa. Após 1 ano, fui desligado dessa empresa exatamente porque não conseguia me adaptar a essa cultura, que já bloqueava e sabotava qualquer iniciativa que eu propunha, independentemente se era boa ou ruim. Era percebido como um elemento estranho, que não congregava os mesmos princípios e valores, mesmo tendo apoio total de minha liderança e do presidente.

Não foi uma boa experiência, mas trouxe um grande aprendizado sobre cultura, que não se move por decreto. Ou o movimento é completo, implicando troca de lideranças, evoluções de processos e pensamentos, incluindo todas as áreas, ou existe a intenção de um pequeno salto, que não será capaz de afetar o negócio.

É muito comum cairmos no "canto da sereia", na tentação de entrar nas empresas com a mentalidade de mudá-las e deixar a nossa marca. Mas o que geralmente acontece é o contrário. Quando notamos que estamos divergindo do grupo, enxergando as coisas por outros prismas, nos sentimos desconfortáveis e ameaçados.

Aqui vai uma dica de ouro: busque sempre conhecer e conversar com algumas pessoas da empresa em que você deseja trabalhar antes de aceitar fazer parte dela.

Se a tecnologia evolui exponencialmente, precisaremos compreender cada vez mais e melhor a natureza humana, suas motivações, seus medos e comportamentos, sejam eles expressos e falados ou não.

Após numerosos estudos, o professor e pesquisador Nicholas Christakis, com o laboratório de natureza humana de Yale, concluiu que bons e maus comportamentos viajam através de redes de pessoas, sejam elas digitais ou não. Nós nos tornamos parecidos com as pessoas que costumamos nos relacionar e tendemos a nos relacionar com as pessoas que fazem parte dos grupos a que pertencemos.

Você já reparou que, ao chegar em qualquer empresa, escola, hotel ou festa, sua tendência é buscar um grupo para estar associado? Muitas dessas alianças têm papel importante de nos fortalecer ou empoderar para competir, sobreviver e prosperar.

Agora, note como esse agrupamento de conveniência se desfaz assim que você sai da empresa, escola ou festa. Claro que alguns poucos permanecem, mas são poucos. Ter consciência sobre esse comportamento é tão importante quanto libertador. Paramos de culpar os outros por expressar interesses temporários, enquanto nós temos as mesmas atitudes, muitas vezes sem perceber.

A natureza humana sempre foi gregária, desde os tempos das cavernas, quando nos associávamos em grupos que nos fortaleciam e protegiam.

Já que estamos examinando a natureza humana, vale entender como nos portamos quando estamos em grupo.

O psicólogo Solomon Asch, na década de 1950, conduziu diversos experimentos para comprovar nossa natureza de conformidade dentro de um determinado grupo, denominado de "experimentos de conformidade Asch". Esses experimentos têm sido replicados desde então e seguem provando que moldamos nossos comportamentos aos de um grupo maior, evitando a sensação do desconforto ou não pertencimento.

Um dos experimentos mais famosos é o teste do elevador, que, apesar de ser realizado há muitas décadas, é extremamente revelador sobre nossos comportamentos mais instintivos. Esse experimento é muito simples, e você pode até replicar. Quatro ou mais pessoas dentro de um elevador se postam de costas para a porta antes de uma nova pessoa embarcar. Ao abrir a porta em outro andar e perceber todos os ocupantes virados de costas para a porta, o novo ocupante sente-se muito desconfortável e logo copia o padrão, virando-se de costas também.

Existem vários testes similares, e os resultados são sempre os mesmos: buscamos aceitação social por princípio.

Você pode dizer ou entender-se como alguém que não abandona suas posições, no entanto, reflita sobre quantas vezes se adaptou para fazer parte de um grupo qualquer.

Acesse o QR Code ao lado e assista a um vídeo de mais um desses experimentos.

Muitas organizações ainda estão operando sobre um modelo organizacional criado há mais de 100 anos por Frederick Taylor. Nele, se dividia a força de trabalho em dois grandes grupos: líderes pensadores e trabalhadores fazedores. A liderança deveria concentrar-se em otimizar produtividade, planejamento e treinamento de suas equipes, enquanto os trabalhadores deveriam focar em suas tarefas individuais.

Acredite se quiser, mas esse modelo teve base na economia da escravidão, quando se buscava extrair o maior resultado possível de um trabalhador. A eficiência era a palavra de ordem. Esse sistema organizacional funcionou por décadas e gerações. Ultimamente, esse modelo baseado no comando e controle vem mostrando cada vez mais sinais de exaustão.

Novos tempos de aceleração exponencial, com o surgimento de novas tecnologias com impacto direto em como nos organizamos em sociedade, transformaram esse contexto. Hoje, vivemos tempos de complexidade nunca antes experimentada, que tornou o mundo dos negócios algo cada vez mais incerto e imprevisível.

Esse novo contexto requer um novo modelo de organização, no qual todos são também pensadores. Organizações que passam a distribuir a autoridade, valorizar a transparência e permanecem em constante aprendizado.

Para isso, essas organizações precisam quase renascer, agora num formato mais ágil, organizado em rede, formando equipes capazes de entregar tanto resultados como significado para as pessoas, a própria organização e a sociedade.

No quadro a seguir, comparo as principais diferenças entre esses modelos organizacionais:

CLÁSSICO	ÁGIL
Sucesso pessoal	Sucesso coletivo
Controle	Coaching
Saber	Saber e fazer, com o líder participando do processo
Metodologias de gestão de projetos em formato cascata (só inicia a atividade seguinte depois de concluir a anterior)	Metodologias de gestão ágeis (*scrum*, *design thinking*, canvas, entre outras)
Aversão ao risco	Cria ambientes que permitem que as pessoas tentem e aprendam

Se o líder, em um modelo clássico, era um grande estrategista tanto de negócios como politicamente, quase como um jogador de xadrez, agora, ele precisará ter habilidades de um fazendeiro, que consegue observar e nutrir um ambiente saudável, estimulando as pessoas a fazer o melhor trabalho de suas vidas.

Habilidades como operar em colaboração e abdicar do protagonismo individual em favor do grupo serão cada vez mais desejadas, tanto pelas empresas quanto pelas pessoas.

Vamos examinar agora como a cultura se manifesta em uma reunião de apresentação para aprovação de uma iniciativa, que poderia acontecer em qualquer empresa de qualquer tamanho, convocada por um intraempreendedor.

Imagine uma sala de reunião cheia de pessoas de diversas áreas, escutando uma apresentação bem construída com argumentos e hipóteses relevantes para que seja tomada uma decisão favorável ou não no final.

Vale fazer uma ressalva importante aqui, já discutida no início do livro sobre intraempreendedorismo: na hipótese improvável de todos os participantes dessa reunião concordarem com a proposta, sem objeções, apenas apontado pequenos ajustes, entenda que não havia nada de novo sendo proposto.

Lembre-se: intraempreendedorismo necessariamente traz algum nível de desconforto. Voltando à sala de reunião. No final dessa apresentação, por melhor que tenha sido a explicação, mãos deveriam ser levantadas com questionamentos, seguidos por uma discussão, que pode até provocar novas reuniões, o que seria normal.

Caso o CEO esteja nessa sala, e ao final da apresentação, tomar a palavra e manifestar apoio integral, explicitando que quer ver o proposto acontecer, essas mãos talvez não sejam levantadas. E a razão é simples: hierarquia. Os demais terão bastante receio de confrontar uma decisão de alguém superior, especialmente se for o presidente.

Porém, acredite, muito provavelmente, algumas ou várias pessoas se sentiram forçadas a concordar, mostrando um comportamento corporativo hierárquico.

Em qualquer um desses cenários, bastará a porta da sala se abrir para que outras reuniões informais aconteçam, quase imediatamente.

Aquelas pessoas que não "compraram" a proposta, mas foram compelidas a concordar por uma pressão hierárquica, passarão de aliados de reunião a potenciais sabotadores.

Uma boa dica para escapar dessas "reuniões armadilhas" é fazer uma pergunta pouco comum ao final da sua apresentação, que poderá ajudar a identificar potenciais sabotadores: "Vocês se consideram dispostos a testar essa iniciativa e aprender com ela?".

Com essa abordagem, você declara sua proposta como um desafio de aprendizado *versus* um desafio de execução, reconhecendo sua possibilidade de falha, assim como demonstrando curiosidade em aprender e fazer perguntas.

Essa nova abordagem vai também fazer que as pessoas declarem o tamanho do seu conforto ou desconforto com a iniciativa proposta. E, o melhor: a discussão se voltará a buscar como mitigar ou reduzir potenciais impactos.

O mais importante sempre será extrair das pessoas suas inquietações ou desconfortos expressos e não expressos, mapeando o que fazer para conseguir avançar com sua iniciativa.

"Acho que gerar o desconforto é bacana, mas ele tem dois lados. Existe o desconforto que causa medo, que é humano e natural, agora, você pode dar um outro ângulo para esse desconforto, convidando as pessoas para uma aventura. Dá aquele frio na barriga, é um desconforto que oferece algo novo, algo positivo, e não simplesmente algo que vai dar errado, não vai funcionar ou ser um desastre, que é do que as pessoas têm mais medo."

Eduardo Bendzius,
executivo C-Level e consultor

Você, como líder desse modelo, deve comprometer-se a seguir atualizando seu grupo, construindo o projeto de forma colaborativa.

Consegue notar a diferença entre uma e outra abordagem? A tradicional é impositiva e reforça o poder de uma pessoa sobre as demais, enquanto a outra convida todos as participar. Ela será mais lenta, é verdade, mas ganhará muito mais força desde o início.

Note que essa é uma abordagem ainda pouco comum, logo, prepare-se para reações desconfiadas nas primeiras tentativas, mas insista.

Outra ferramenta que sempre gostei de utilizar é chamada de "*stakeholder mapping*". Nela, você deverá listar todos os envolvidos, desde o planejamento até a entrega de sua iniciativa, dentro de um círculo. Esse círculo deverá contar três subcírculos, que serão numerados de um a três, sendo o primeiro o centro do círculo maior, como na figura a seguir:

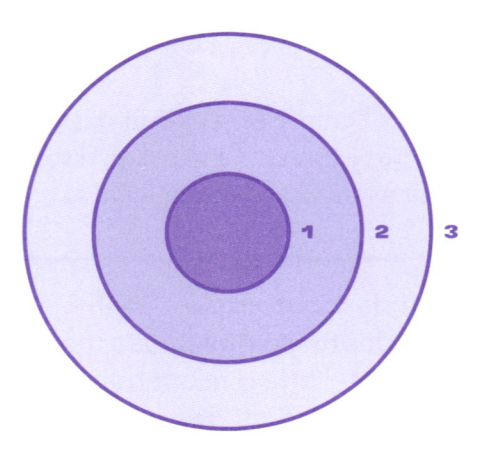

De acordo com a relevância do colaborador para sua iniciativa ou projeto, você deverá priorizar entre os círculos 1, 2 ou 3. Lembre que não vale colocar todos no círculo 1, ele é o menor e só cabem poucos nomes, sendo eles os mais relevantes para a realização de sua iniciativa.

Essa metodologia nos faz priorizar o grau de relevância dos colaboradores para nossas iniciativas. Em determinado projeto, o CEO poderia estar no terceiro nível e, em outro, no primeiro. Aqui a posição dentro da empresa e a contribuição deverão ser consideradas.

"Um grande aprendizado que tive foi que não dá para brigar muito tempo com a organização. Você se desgasta e vira o alvo. É importante entender em que ciclo você entrou. Se você entrou num ciclo em que tem poder e autonomia para fazer uma mudança, e a cultura vai te acompanhar, pisa no acelerador. Se você entrou num ciclo em que a cultura não vai acompanhar e está acima de você, é melhor você parar ou sair."

Marcelo Pacheco,
vice-presidente de vendas e inovação na Warner Media

O PADRÃO CULTURAL DE QUALQUER EMPRESA TRATARÁ DE BLOQUEAR OU ATÉ EXPELIR AQUELES QUE NÃO SE ADAPTAM.

CAPÍTULO 16
ALCANCE

Esta pode parecer a etapa menos importante, mas não é. Ao longo dos anos, vi várias iniciativas incríveis naufragarem em algum estágio de planejamento ou desenvolvimento, pois não tinham estabelecido um impacto tangível no negócio.

E, quando digo tangível, não significa imediato, mas precisa ser mensurável. Grandes ideias, mas sem resultados conectados aos negócios, terminam apenas como grandes ideias, sem tração e credibilidade.

Por alcance, entenda qual a abrangência que determinada iniciativa terá sobre o negócio, desde otimizar processos, enxugar custos ou gerar novas receitas através de novos negócios.

Esse alcance, idealmente, deve ser traduzido em um impacto financeiro, porém, em alguns casos, especialmente os ligados a processos, será difícil ter uma métrica assim.

Lembra-se do exemplo de uma iniciativa de pequeno porte que liderei para unificar vários indicadores, gerando a possibilidade de melhor aprendizado e comparação de resultados entre diversos mercados? Eis um exemplo no qual até poderia mapear a economia de custos gerada pela dispensa de algumas ferramentas e softwares anteriormente usados, ou mesmo pela diferença de tempo gasta pelas pessoas antes e agora.

O principal indicador de alcance, porém, foi a unificação da métrica e a facilidade com que as lideranças conseguiam entender os resultados e compará-los com outros mercados, acelerando sua curva de aprendizados.

Já em um projeto de grande porte, em que liderei uma equipe multidisciplinar para construir uma hipótese de novo negócio, precisei estimar o alcance e impacto nos negócios para ter a iniciativa aprovada, antes mesmo de passar pela etapa da cultura.

Contexto e iniciativa faziam total sentido, porém não consegui convencer o presidente de que o alcance e impacto nos negócios eram grandes o suficiente para obter os recursos necessários. A iniciativa, infelizmente, foi postergada e reativada alguns anos depois por outras pessoas.

Lembra-se do capítulo dedicado ao desapego? Aqui tem um ótimo exemplo de projetos e iniciativas pelos quais somos apaixonados, mas não conseguimos levar adiante. Faz parte.

O alcance pode ser imediato, ao longo dos anos seguintes ou mesmo afetar todo um ecossistema. Um novo produto ou serviço pode ter todos esses alcances. Se uma empresa abrir um novo canal de vendas, lançando sua plataforma de e-commerce, por exemplo, terá impacto imediato nos negócios, e pode afetar o ecossistema de seus fornecedores e parceiros através de novos modelos de vendas e distribuição.

O alcance também pode ficar restrito a uma ou mais áreas ou disciplinas, ou também a toda uma empresa.

Um novo processo para otimização de custos na compra de insumos liderado pela área de compras pode ter alcance em toda a empresa, pelo impacto financeiro potencial.

Uma nova tecnologia que facilita a conexão de toda a equipe de vendas entre si é um exemplo de alcance dentro de uma área.

Essas quatro etapas podem ajudar o intraempreendedor a estruturar suas iniciativas de uma forma mais estratégica e fácil de comunicar dentro e fora da empresa.

Metodologia CICA aplicada em um *case* real (*case* Baileys Million)

Durante 9 anos, fui responsável por inovação em marketing na Diageo América Latina. Era responsável por abordar e ajudar as equipes de marketing a encarar desafios de negócios de maneiras não tradicionais. Apresento este *case* porque ilustra bem o método CICA.

Contexto

O ano era 2009, e o contexto era bem diferente do que vemos hoje. O Facebook tinha apenas 3 anos de existência como ferramenta social. O Google já dominava as buscas, mas em volume muito menor do que temos hoje. Os portais eram os donos da rede: Yahoo! e MSN viviam seu apogeu.

Já o Spotify, criado em 2006, era ainda desconhecido. A música vivia um momento delicado, pois a pirataria rolava solta. Sites como o LimeWire eram muito acessados, dando calafrios nas gravadoras. Um mundo mais digital se avizinhava...

Os resultados da Diageo iam bem, puxados por Johnnie Walker, porém, outra marca vivia um conflito de identidade e queda no volume de vendas: Baileys, um destilado irlandês que mescla leite e whisky.

Após anos de debates internos sobre qual seria seu público-alvo, iniciava-se uma nova jornada, redirecionando seu reposicionamento como um destilado voltado ao público feminino. Seus ingredientes conferem a Baileys um sabor mais suave e doce, com uma textura mais cremosa. Seus consumidores, na grande maioria mulheres, apreciavam muito seu sabor, mas desconheciam a ocasião e o modo de tomar o produto. Assim, a marca buscava, como ocasião de consumo, festas de Natal e aniversários.

Isso significava que a barreira de consumo era a ocasião, e não o sabor. Portanto, a melhor maneira de gerar crescimento de vendas e consumo seria apresentar aos consumidores novas ocasiões e formas de beber.

Se a solução parecia bem alinhada, alguns desafios se apresentavam e pediam uma abordagem não convencional.

O primeiro era a necessidade de fazer algo que ajudasse seis países, simultaneamente – Argentina, Chile, Colômbia, Venezuela, República Dominicana e México. O segundo desafio era que tínhamos recursos limitados, tanto pessoas (contávamos com um ou dois profissionais de marketing para essa marca em cada mercado) quanto capital financeiro, que era pouco para essa abordagem não convencional. O terceiro era tempo. Estávamos quase na metade do ano e a expectativa era que fossem entregues bons resultados, revertendo a trajetória de queda do mesmo ano.

Atacar esses desafios consumiria tempo e recursos, além de apoio local, que não tínhamos. Justamente por isso, abordagens clássicas como a de eleger bares e restaurantes nesses países e fazer degustações, apoiadas por mídia em meios tradicionais (TV, revistas, internet etc.), foram descartadas.

Usar apenas o poder da mídia para convencer as pessoas a provar o Baileys também seria muito arriscado, e consumiria cinco ou seis vezes mais capital do que dispúnhamos.

Iniciativa

Eu via essa combinação de desafios, aparentemente sem soluções tradicionais, como uma oportunidade maravilhosa de propor uma nova abordagem.

Admito que trabalhar em multinacionais e com marcas globais é complicado, devido aos alinhamentos e governança mais estritos. Por outro lado, existe uma biblioteca de *cases* bons e ruins que já foram testados em outros mercados.

Nesse caso, o gestor da marca e eu identificamos um projeto executado na Europa, alguns meses antes, e que obteve bastante sucesso. Chamava "Baileys Million" e consistia em uma plataforma digital na qual consumidores se cadastravam e concorriam a um milhão em prêmios instantâneos.

Guardadas as diferenças culturais, acreditávamos que valeria a pena mapear os aprendizados e tropicalizar o mesmo conceito, com ajustes de mecânica, considerando o contexto desafiador que tínhamos na América Latina.

Se o conceito de lançar uma promoção com um milhão de prêmios instantâneos fazia bastante sentido, precisávamos estudar a melhor maneira de alcançar seis países, de forma simultânea, chegando até nosso público-alvo, composto por mulheres entre 25 e 35 anos, classes ABC e que gostassem de se reunir com as amigas.

O meio digital, ainda bastante novo naquela época, se apresentava como a melhor aposta. Note que hoje já não é uma aposta, mas, naquela época, dedicar 100% de investimento em algo digital beirava a insanidade.

Buscando reduzir o desconforto, criado por fazer algo tão inovador e arriscado, conversamos com os dois maiores portais na época: Yahoo! e MSN.

Esses portais queriam, por sua vez, demonstrar sua capacidade de inovação e conexão com seus usuários, de maneiras ainda pouco testadas. Logo, tínhamos pontos convergentes para negociar um acordo sem precedentes, em que todos os esforços seriam feitos para aprender durante a iniciativa.

Nossa estratégia, em resumo, seria executar a promoção de um milhão de prêmios, divididos entre físicos e digitais, simultaneamente em seis países, ancorando nossa comunicação 100% em mídia digital. Fizemos isso através dos dois portais e com apoio do Google, para ajudar a direcionar o tráfego das buscas para o site da promoção, com o objetivo de cadastrar, em 90 dias, 100 mil mulheres dentro do público-alvo definido.

Na sequência, iríamos ativar essas 100 mil mulheres com uma campanha de marketing de relacionamento on-line, oferecendo mensalmente receitas e sugestões de ocasiões de consumo de Baileys.

Lembro, novamente, que estávamos em 2009. Segmentar consumidores era um exercício puramente demográfico, ou seja, atingir mulheres de 25 a 35 anos estava bem, mas, como saber que elas tinham os comportamentos de sair com amigas, que era a ocasião escolhida pela marca?

Usar os recursos limitados que tínhamos para recrutar 100 mil mulheres e, depois, descobrir que elas não tinham afinidade com a marca e ocasião era muito arriscado.

Voltamos a nos reunir com os portais, que concordaram em dividir sua inteligência e aprendizado de navegação, ambos em construção e ainda não oferecidos como serviço ao mercado.

Mergulhando nos dados, descobrimos que o tipo de mulher que estávamos buscando tinha o hábito de visitar certas sessões dos portais algumas vezes por semana.

Com esse provável caminho de navegação digital, foi montada uma estratégia de recrutamento em funil de conversão. Peças digitais em formatos de banners informavam sobre a campanha e, após clicados, deixavam um cookie (marca digital) no navegador da pessoa. Produzimos trezentas peças diferentes, garantindo que a cada vez que a campanha aparecesse, ela funcionaria como uma conversa, aprendendo com cada interação.

Se a estratégia de mídia parecia bem encaminhada, ainda tínhamos um grande desafio, que era conseguir um milhão em prêmios para distribuir. Recursos financeiros para comprar essa quantidade já ultrapassaria o capital disponível, fora a logística de entregar algo na casa das pessoas em seis países diferentes.

Nossa conclusão foi que precisaria ser algo digital. Mas o que seria relevante o suficiente para motivar alguém a preencher uma ficha de cadastro?

A resposta veio do entendimento dessas mulheres, seus padrões de navegação e dados secundários disponíveis, que indicavam que a música poderia ser um prêmio relevante.

Nessa época, era muito comum a troca de músicas piratas de baixa qualidade pela internet. Comprar CDs era o padrão, porém com uma seleção de músicas feitas por alguém. Vale lembrar que Spotify ou Deezer não existiam.

O passo seguinte foi abordar algumas gravadoras, que na época também estavam sofrendo com a pirataria e com o desafio de mudança nos hábitos de consumo de músicas. Streaming e download digital, popularizados por plataformas não oficiais como o Napster ou LimeWire, ainda não havia sido difundidos oficialmente pelas gravadoras, o que era um grande desejo no combate a pirataria e na recuperação de receitas perdidas.

Dentre as gravadoras, a Universal Music teve grande conexão com nosso desafio e entendeu que poderíamos formar uma aliança de sucesso. Ela, com dificuldade em vender músicas on-line, precisava de consumidores que testassem o novo modelo, e nós precisávamos de um prêmio atraente. Fechamos uma aliança!

Negociamos que cada pessoa que se registrasse na promoção ganharia uma lista de cinco músicas, a escolher dentro de um catálogo de cem possíveis (todas pré-selecionadas pensando nas músicas mais consumidas pelo nosso público-alvo).

Para enriquecer a promoção e gerar mais desejo, definimos que 2% dos prêmios seriam físicos e relacionados ao preparo de drinques com Baileys: formas de gelo, copos customizados, cafeteiras, entre outros.

Enfim, tínhamos uma estratégia definida para executar.

Cultura

O fato de uma promoção similar já ter sido testada em outra região ajudou a abrir alguns caminhos, porém foram três meses de discussões e levantamento de dados e informações que poderiam causar algum conforto para essa iniciativa ser aprovada.

Ajudou bastante comprovar que, por meios tradicionais, fazer algo similar custaria cinco ou seis vezes mais tempo e recursos, sem o mesmo nível de gestão e controle que a estratégia digital proveria.

Montar uma equipe dedicada ao projeto, que, diariamente, acompanhava, reportava resultados e fazia correções de plano de mídia e criatividade, foi também importante para mostrar que teríamos a iniciativa sob controle a qualquer momento.

Claro que existia um nível de risco, e era alto, mas todos se alinharam, cientes de que nada melhor poderia ser feito com os recursos disponíveis e que havíamos esgotado todas as alternativas tradicionais, além de a marca seguir em declínio. A iniciativa foi autorizada

Alcance

A promoção foi ao ar nos seis mercados com a expectativa de recrutar 100 mil consumidoras em noventa dias.

A estratégia adotada se mostrou efetiva e eficiente, pois, após 51 dias, havíamos recrutado mais que o dobro: 236 mil pessoas, sendo que 151 mil estavam dentro do público-alvo desejado.

O resultado foi tão bom, que a decisão foi redirecionar os recursos e capital economizado para a segunda fase, que consistia em ativar esses contatos e mensurar se conseguiríamos aumentar as vendas e o consumo.

Havia grande curiosidade se, durante o processo do cadastramento na promoção, essas mulheres haviam sido suficientemente sensibilizadas pela marca e agora estariam mais abertas a estímulos de consumo.

Nos seis meses seguintes, foram enviados e-mails mensais, com estímulos de tipos e modos de preparo de receitas com Baileys, assim como promoções de compra.

Como resultado, o volume de consumo da bebida dobrou em todos os seis mercados, confirmando que, se estimulada de maneira correta, essas mulheres passariam a lembrar e consumir mais Baileys em outras ocasiões.

Houve momentos de dúvida? Muitos.

Tínhamos todas as respostas no início? Não.

Tivemos falhas e desvios de rotas durante o projeto? Sim.

Mas nunca duvidamos de uma estratégia construída coletivamente, em que todos tinham voz e responsabilidades.

Para ilustrar que essa metodologia pode ser aplicada em qualquer contexto, segue um *case* que o Marcos Angelini, presidente da Red Bull na América Latina, dividiu comigo em uma entrevista. Você pode ouvi-la na íntegra acessando o QR Code.

Contexto

"Quando eu trabalhava na Europa, era responsável pela categoria de produtos de limpeza de casa. Tinha um produto, em particular, que era destinado à limpeza de vaso sanitário.

Uma marca extraordinária, com posicionamento de muitos anos, mas que, com o tempo, foi perdendo os elementos de como era, além de estar posicionada bem acima em preço em relação com a concorrência. Custava o dobro.

Com os anos, foi transformando seu posicionamento em algo mais moderno, como um produto para proteção da família. Antes era algo mais duro, um produto que matava os germes e bactérias. Esse novo posicionamento mais emocional fez a marca despencar em toda a Europa."

Iniciativa

"Decidi fazer algo maluco, contratando pessoas que faziam arquétipos, que são interpretações de modelos de comportamento humano.

Observando filmes, você consegue ver vários: a mãe, o guerreiro, o inocente, o sábio. Então, começamos a estudar qual seria o arquétipo dessa marca, de onde vinha e como se comportava, e concluímos que ela era como um herói, o Hércules: superforte, sempre finaliza o trabalho que tem que fazer matando monstros e defendendo a humanidade, mas que também gera efeitos colaterais.

Assim, a comunicação mudou de uma proteção da família para um herói poderoso que aniquila tudo o que é perigoso (como germes). Criamos uma campanha, testamos, e os resultados foram fantásticos."

Cultura

"Como gerente regional, eu tinha que convencer os mercados sobre a nova campanha. Falei com Inglaterra, Hungria, Polônia e França, e todos ficaram apavorados. O que fazer?

Eu poderia ter obrigado, pois tinha autoridade, mas criaria um silo, assim, tive que sentar, conversar com cada um e explicar. Ainda por cima, as embalagens seriam redesenhadas, para parecer armas do Hércules – espada, escudo e flecha. Era muita mudança.

Nesse ponto entram as relações interpessoais, como sentar, explicar e convidar para participar. Onde a conversa não era suficiente, por estar em uma empresa com DNA de muita pesquisa, oferecia um estudo local ou propunha um programa piloto para entender a reação dos consumidores. Jamais disse: 'Você vai fazer assim porque eu decidi'.

Pouquíssimas vezes usei esse poder, porque isso escala dentro das hierarquias e gera muitas discussões."

Alcance

"Como resultado, conseguimos gerar uma transformação enorme da marca, recuperando quatro ou cinco vezes mais do que ela perdeu."

O efeito kryptonita

MEU 13º APRENDIZADO

Autoconhecimento é algo poderoso, mas bastante relegado pelas pessoas, que preferem avaliar os outros, tendo bastante dificuldade de enxergar a si próprias. Foi somente me conhecendo que entendi os impactos que causava nas pessoas – os bons e os ruins.

Meu entusiasmo e energia sempre transbordam frente a um novo desafio, e eu costumava expressar essa alegria através de frases como "vamos quebrar tudo", "vamos transformar" ou "vamos fazer algo épico".

Para mim, essas frases soavam como combustível de ação e mobilização, porém, para algumas pessoas, especialmente para aquelas com aversão ao risco, as frases soavam como as portas do apocalipse corporativo.

Elas me percebiam quase como kryptonita e, ao me verem chegando, provavelmente pensavam: *Lá vem aquele maluco cheio de novas ideias, esse cara vive nas nuvens*, ou *qual será a nova ideia dele?*

Minha intenção era ótima, mas minha forma de tentar mobilizar a todos era genérica, não transmitindo segurança a alguns, fazendo que, desconfortáveis, além de não serem mobilizados, tentassem sabotar minhas iniciativas.

Precisei de muitos anos e de inúmeros feedbacks para ganhar essa autopercepção, que fez toda a diferença ao liderar novas iniciativas, entendendo melhor os quatro grandes comportamentos que examinamos no livro.

Como você se enxerga? Qual é seu principal desafio? Com que frequência você pede feedbacks honestos e autênticos?

"Antigamente eu lidava mal com a falha e me voltava contra o ecossistema. Eu não tinha a autopercepção de que o problema poderia estar comigo. Eu não havia sido hábil para trazer as pessoas para a minha jornada. Você aprende muito mais com o erro porque, enquanto na vitória todos se unem para celebrar, nos erros você fica nu e descobre do que está sendo acusado, e assim aparecem as oportunidades de desenvolvimento."

Marcelo Pacheco,
vice-presidente de vendas e inovação na Warner Media

AS PESSOAS APOIAM AQUILO QUE ELAS AJUDARAM A CRIAR.

CAPÍTULO 17
O CAMINHO ESTÁ ABERTO:
FEITO É MELHOR QUE PERFEITO!

Na adversidade, uns desistem, enquanto outros batem recordes.
AYRTON SENNA, piloto tricampeão de Fórmula 1

Espero que você tenha gostado tanto de ler quanto eu gostei de escrever este livro. Aprendi muito escrevendo e revivendo tantos anos de trajetória pessoal e profissional.

Se você se sentiu provocado a agir, pensar e fazer diferente, além das boas doses de desconforto e reflexão, fico feliz, pois atingi meu objetivo.

Tratei dos grandes temas envolvidos nessa atividade ainda pouco estudada, assim, os examinei por vários ângulos e perspectivas.

Intraempreendedorismo não é uma ciência exata, que me leva do ponto A ao ponto B, apesar de precisar apresentar resultados tangíveis aos negócios, como acabamos de ver.

Eu encaro este livro muito mais como uma jornada de descoberta pessoal e das pessoas, como uma mistura de antropologia, psicologia, ciências sociais, administração, publicidade, comunicação, sociologia e até filosofia.

Lembre que intraempreendedor não é um cargo, mas sim uma mentalidade, logo, independentemente do seu nível hierárquico, do porte da sua empresa ou mesmo da área em que atua, você precisará exercer um conjunto de habilidades e competências que talvez ainda não estejam maduras.

Ouvi há muitos anos de grande amigo e mentor, Nilo Cavagnari, a seguinte frase: "Não sei tudo, mas aprendo rápido". Essa frase se transformou num dos meus princípios de vida.

Seguir aprendendo e em constante curiosidade é uma mola propulsora para que você não se deixe desmerecer, desprestigiar ou diminuir nas derrotas e falhas, porque elas farão parte da jornada dos que querem ser intraempreendedores. O caminho está aberto, e sempre tenha em mente que feito sempre será melhor que perfeito!

Meu desafio agora é: como terminar este livro com uma conclusão, se frisei tanto que inovação tem começo e meio, mas não tem fim? Para ser coerente com tudo o que escrevi até aqui e com a minha própria trajetória profissional, vou deixar uma dica final para você.

Voe! O mundo é seu! Acredite!

Site

Para conferir as entrevistas com as pessoas citadas ao longo deste livro e muitas outras, basta acessar os QR Codes ao lado.

Podcast

SOMOS O REFLEXO DE NOSSAS AMBIÇÕES. FAÇA ACONTECER!

AGRADECIMENTOS

Este livro destila o que aprendi ao longo de quase 30 anos de vida profissional, passando por oito empresas de culturas bem diferentes e algumas experiências no mundo do empreendedorismo. Nesse período atuei e convivi com muitas pessoas às quais agradeço pelos aprendizados.

Acredito que o conhecimento acumulado e aprendizados devem ser compartilhados, e estou muito feliz de, pela Buzz Editora, ter a oportunidade de chegar até você, leitor ou leitora.

Tive a sorte e o privilégio de conhecer o Nilo Cavagnari no início da minha carreira e tê-lo como mentor e parceiro. Nessa época descobri minha vocação para assumir desafios, riscos e projetos que muitos rejeitavam. A semente do *Lado i* estava plantada e só cresceu com o tempo.

Muito tempo depois, já em 2017, ao sair da Nestlé, me vi num momento de dúvida e reflexão sobre meus próximos passos de carreira. Movido por essa inquietação e desafiado pelo Airton Zanini, decidi criar um "sabático produtivo", em busca de aprendizado e para explorar novas possibilidades.

Movido pela pergunta "para onde vai o mundo dos negócios?", conversei pessoalmente com mais de trezentas lideranças do nosso mercado – jornalistas, investidores, fundadores de empresas e start-ups, *headhunters*, gurus, influenciadores, CEOs de empresas...

Foram quase seis meses desse período sabático, que foi bem mais produtivo do que jamais imaginei. Meu muito obrigado de coração a cada um que abriu sua agenda para me receber ou encontrar. Aprendi o valor da generosidade.

Muito obrigado a Marcelo Pacheco, Maria Laura Nicotero, Marcos Angelini, Tatyana Freitas, Aldo Bergamasco, Eduardo Bendzius, Carol Romano e Fernando Luna pela colaboração com o conteúdo deste livro. A contribuição de vocês enriqueceu e engrandeceu demais o projeto. Trechos dessas conversas estão espalhados pelos capítulos, e as gravações completas, disponíveis no podcast "O Lado i", no Spotify.

Pyr Marcondes, que privilegiado sou de ter você abrindo este livro. Seguiremos tentando transformar os negócios e, por que não, o mundo.

Agradeço ao Artur Scarpato, por me ajudar durante os momentos de maior dúvida e incertezas nessa jornada;

à Joyce Moysés, por topar o desafio de ser minha coach nesse projeto;

à Adriana Zerbinatti, pelo seu apoio e vibração tão importantes;

ao meu pai e ao meu irmão, sempre acreditando em mim e me incentivando;

aos Vingadores, confraria de vinhos de que faço parte, pelas conversas, conselhos, risadas e, claro, muito vinho e comida boa.

Por fim, agradeço a você, querido leitor ou leitora. Desfrute deste livro sem nenhuma moderação!

Fontes LYON, FLEXA
Papel ALTA ALVURA 90 g/m²
Impressão IMPRENSA DA FÉ